AF366188

LES RÈGLES DU LAVIS

ET DE LA

PEINTURE A L'AQUARELLE

APPLIQUÉES AU PAYSAGE.

Imp. et Fond. de Félix LOCQUIN et Comp.,
rue N.-D.-des-Victoires, 16.

LES RÈGLES DU LAVIS

ET DE LA

PEINTURE A L'AQUARELLE

APPLIQUÉES AU PAYSAGE,

Dédiées à son Élève,

MADAME MÉLANIE WALDOR,

PAR THÉNOT,

Peintre, professeur de Dessin et de Peinture, auteur de la première méthode de
Dessin raisonné, de plusieurs Traités de Perspective, de Paysage, de
Lithographie, etc., etc.; admis premier candidat pour la chaire
de professeur de Perspective à l'école royale des Beaux-
Arts, section de l'Institut, etc., etc.

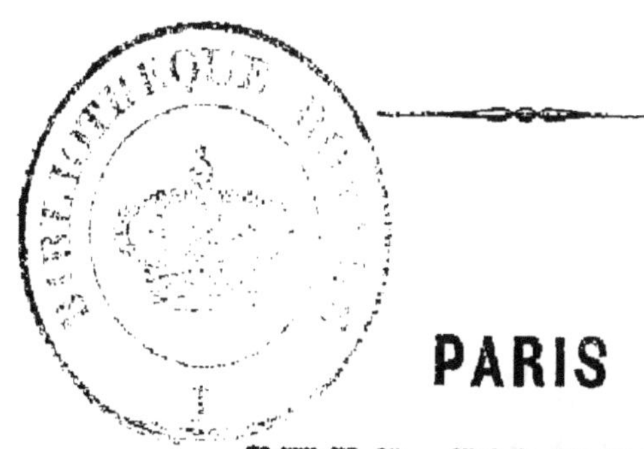

PARIS

CHEZ L'AUTEUR,

2, RUE DE VALOIS, PALAIS-ROYAL.

et chez les principaux Libraires, Éditeurs et Marchands d'estampes

DE PARIS, DES DÉPARTEMENTS ET DE L'ÉTRANGER.

1840

LES RÈGLES DU LAVIS

ET

DE LA PEINTURE A L'AQUARELLE

APPLIQUÉES AU PAYSAGE.

Le lavis et la peinture à l'aquarelle présentent des difficultés presque insurmontables aux personnes, même habiles dessinateurs, qui se livrent à cette étude, lorsqu'elles
ont appris suivant les anciennes méthodes et qu'elles n'ont
pu voir travailler quelques uns des peintres de nos jours,
extrêmement habiles dans ce mode de peinture. Je n'entends
parler ici que des opérations, moyens manuels qui ont laissé
loin derrière, ceux dont se servaient les grands artistes
d'autrefois; le nombre restreint des couleurs et surtout les
difficultés qu'offraient ces couleurs dans leur emploi, ont
dû apporter obstacle à ces artistes, d'agrandir et de perfectionner leur procédé pratique. On ne saurait trop admirer
les belles pages de Boissieu, de Thibault et quelques autres,
quand on pense qu'ils ne possédaient pour toutes ressources

de palette, que le bleu d'indigo, la gomme-gutte, le vermillon, la laque rouge, la sanguine, le bistre et l'encre de la Chine; et qu'encore ces couleurs manquaient le plus souvent de transparence et se délayaient très difficilement. Thibault, que j'ai vu travailler quelquefois, était tellement pénétré des obstacles que lui suggéraient ces couleurs, que malgré sa grande supériorité il ne commençait jamais une teinte un peu étendue, sans craindre de la manquer complètement, tandis qu'à présent, grace au perfectionnement de leur fabrication, avec un peu d'habitude, il est rare de ne pas réussir, même les plus considérables. On peut établir comme axiôme que de la bonté des couleurs, de leur facilité à se dissoudre, dépend la réussite de toutes les teintes unies, dégradées et transparentes, qui font le charme des dessins au lavis et à l'aquarelle.

A la perfection de bonté de matières, la facilité de se dissoudre, les couleurs ont accru considérablement le nombre de leurs nuances. Des chimistes distingués ont consacré une partie de leurs veilles à rechercher les moyens d'employer utilement à la peinture à l'eau les diverses couleurs provenant de toutes productions, ils ont souvent réussi et ont doté le domaine des beaux arts de toutes les nuances que l'artiste peut imaginer.

Il ne restait donc plus qu'à créer un livre qui traite spécialement de la théorie et de la pratique du lavis et de l'aquarelle appliquées aux divers genres, tels que figure, paysage, animaux, marine, intérieur, fleurs, etc., etc., et qui renferme les diverses méthodes adoptées par les premiers aquarellistes. Cet ouvrage, je l'ai conçu et publié sous le titre de *Traité de peinture à l'aquarelle et de lavis*. Le succès qu'il a obtenu a dépassé de beaucoup mes espérances ; cependant, nombre de réclamations m'ont été adressées par des chefs d'institution et des professeurs, qui ont trouvé que le prix était un peu élevé pour la plupart de leurs élèves. Méditant ces avis et désirant rendre mes productions utiles à tous, je me suis décidé d'extraire de mon travail général la partie qui traite du paysage seulement, et d'en faire un ouvrage à part, à aussi bon marché que possible, et par conséquent qui puisse être acquis par toutes les classes de la société.

—

Toutes les fois que l'on emploie des couleurs, soit à l'huile, soit à l'eau, afin de représenter la nature, on doit tâcher de rendre sa reproduction aussi fidèlement que possible : pour parvenir au but ; tous les moyens d'exécution sont bons quand ils y conduisent.

Les moyens d'opérer diffèrent suivant les diverses méthodes de peinture, et souvent, dans la même méthode, plusieurs moyens pratiques donnent à peu près le même résultat ; cependant lorsque des hommes de talent se sont occupés spécialement d'une partie, l'expérience leur a démontré que telle manière d'exécuter était préférable à telle autre ; ils ont dû l'adopter et tâcher de la perfectionner ; de là est résulté la perfection comme travail ; mais si cette manière d'opérer, préférable à toute autre, est indiquée et répandue afin qu'elle devienne le partage de toute personne qui s'occupe de cette partie, elle devra nécessairement conduire au progrès.

Convaincu de cette vérité, et étant lié d'amitié avec les premiers aquarellistes, ou m'étant trouvé en rapport avec eux par des conseils sur la perspective, que je leur ai donnés, je les ai consultés, raisonnant, discutant chaque partie du lavis et de l'aquarelle, et profitant de leur expérience ; ce qu'ils m'ont appris, je l'ai ajouté à ce que j'ai observé pendant quinze années d'études faites dans cette méthode de peinture, pendant lesquelles je me suis particulièrement occupé à aplanir les difficultés et à rendre les moyens d'exécution aussi simples que possible. Quelques artistes de talent que j'ai formés, et surtout la grande quantité de leçons que j'ai données dans ce genre, m'ont mis à même de découvrir des moyens abréviatifs et de les expliquer de manière qu'ils fussent faciles à saisir.

Depuis 1826 jusqu'à ce jour, j'ai mis des dessins, sépia ou aquarelle, à toutes les expositions du Louvre, des amis des arts et départementales ; j'ai reçu à ces diverses expositions plusieurs médailles d'or, etc. etc.

Avant d'expliquer les moyens que l'on emploie pour laver et peindre à l'aquarelle, je vais indiquer les objets qu'il est nécessaire de se procurer, donnant sur chacun les détails qu'il est indispensable de connaître, afin de savoir s'en servir et de reconnaître leurs bonnes ou mauvaises qualités.

Du papier à laver.

Le papier est la première chose et en même temps une des plus importantes dont il faille s'occuper ; car de sa bonne ou mauvaise qualité dépend la réussite d'un dessin. Le papier de mauvaise qualité multiplie les difficultés, gêne le dessinateur dans ses travaux et ses teintes qu'il fait manquer, et lui suggère souvent des accidents insurmontables.

Quelques personnes croient que pour commencer l'étude du lavis, on peut se servir de papier quelconque, pourvu qu'il soit blanc, vélin et d'une certaine consistance : « Il est » assez bon, » disent-elles, « pour les premiers essais, qui » doivent être sans importance. »

Ces personnes sont dans l'erreur, car le mauvais papier augmente les difficultés naturelles que l'élève doit rencontrer, par conséquent entravent ses progrès.

Le papier pour être bon doit être doux au toucher, avoir le grain fin, égal et serré, la couleur d'un beau blanc de neige et l'épaisseur forte ; le regardant obliquement à contrejour, sous un angle demi-droit, il doit présenter une surface unie, soyeuse, argentée et non interrompue par des plis, filaments, aspérités, ni taches plus brillantes ni plus mattes.

Les places mattes et veloutées indiquent un grattage partiel, opéré pour enlever les corps étrangers ou tous autres défauts qui devaient s'y trouver; ces places happent la couleur et produisent des taches plus foncées que le reste de la teinte, et qu'il est très difficile de faire disparaître.

A part ce que je viens de dire, la bonne qualité du papier dépend principalement de son collage; il faut qu'étant mouillé avec une éponge fine, et parfaitement imbibé d'eau, il n'offre à l'œil aucune tache, qu'il ne boive point et que le regardant au travers il paraisse d'un seul ton, sans aucune place plus transparente; les points ou places transparentes seraient des endroits mal encollés. Il serait impossible de laver dessus une teinte unie, car cette partie étant spongieuse saisirait la couleur et l'empêcherait de s'étendre.

Le papier demi-torchon, quoique ayant le grain beaucoup plus gros que le papier vélin, doit en avoir toutes les qualités.

Les papiers vélins français ont plus d'éclat, plus de corps, plus de blancheur que les papiers vélins étrangers, cependant ils leur sont inférieurs dans l'emploi. Celui que je préfère de tous les papiers à laver, est le papier anglais de G. Whatman, Turkey Mill.

On rencontre dans le commerce du papier que l'on offre pour du papier anglais, et qui n'est que du papier contrefait. On le reconnait facilement en le regardant au travers; il ne porte que le nom de Whatman, tandis que le véritable porte au dessous de ce nom, en seconde ligne, Turkey Mill, et en troisième ligne, le millésime.

Il faut avoir soin de tenir son papier enfermé, dans un lieu bien sec et à l'abri de la poussière.

Lorsqu'on est éloigné de la ville, ou que l'on ne peut se procurer de bon papier à lavis, il faut bonifier celui que l'on a, en passant sur toute sa surface une couche abondante d'encollage; cette couche se donne avec un pinceau, une éponge, ou, ce qui est préférable, en trempant le papier dans l'encollage, qui pour cette opération doit avoir été déposé dans un vase large, tel qu'un grand plat, un baquet, etc., etc.

Le papier étant bien imbibé, on le place pour le faire sécher sur deux cordes bien propres, placées parallèlement à la même hauteur, et éloignées d'environ huit ou dix pouces l'une de l'autre.

Recette et manière de faire l'encollage.

Dans trois pintes d'eau mettez une once de gélatine (pour remplacer la colle de Flandre), faites bouillir jusqu'à dissolution, ajoutez-y cinq gros de savon blanc, et remettez bouillir le tout ensemble; alors ajoutez-y une once d'alun concassé, faites jeter deux bouillons et passez le tout dans une flanelle ou un linge fort.

Lorsque l'on veut conserver l'encollage et empêcher qu'il ne se décompose, on y mêle quelques gouttes d'esprit de vin.

Étant refroidi, cet encollage se fige ; si bien que toute les fois qu'on veut l'employer on est obligé de le faire tiédir.

Lorsque l'on veut colorier des lithographies ou gravures, on doit d'abord imbiber parfaitement d'encollage le papier de ces estampes, car pour l'impression on emploie du papier non collé.

Le papier non collé lorsqu'il est imbibé d'encollage, devient extrêmement mou ; il se met facilement en morceaux si on ne le prend avec le plus grand soin. On l'étend sur deux cordes comme je viens de dire plus haut.

Pour suppléer à l'encollage.

Si l'on ne pouvait se procurer de la gélatine ou de la colle de Flandre bien blanche, il suffirait, à moins que le papier ne soit par trop mauvais ou non encollé, de mouiller le côté sur lequel on veut peindre avec de l'eau bien propre et saturée d'alun, et du côté opposé, de l'imbiber avec de l'eau d'amidon.

La solution d'alun sert à remplir les pores du papier, et l'empêche de devenir spongieux et de former des taches. L'amidon donne du corps au papier et empêche la couleur de le traverser.

Éponge à mouiller le papier, et servant aussi à enlever les parties de dessin que l'on veut refaire.

Il faut choisir cette éponge fine, très douce, et surtout

faire bien attention qu'elle ne contienne pas de gravier, de débris de coquilles, ou tout autre corps dur susceptible de rayer le papier.

Toutes les fois que l'on s'en sert il faut la laver dans de l'eau bien propre. Cependant, malgré cette précaution, avec le temps elle finit par se graisser ; dès que l'on s'en aperçoit il faut la nettoyer à fond. Pour cela, on met un demi-verre de bonne cendre de bois dans environ cinq verres d'eau, l'on fait bouillir, ce qui donne une eau de lessive. On retire du feu et l'on met reposer l'eau afin que la cendre tombe au fond du vase ; dès que cette eau est éclaircie et qu'elle est assez refroidie pour ne pas brûler les mains, on la verse doucement sur l'éponge, de manière qu'elle en soit parfaitement imbibée, la frottant comme si on la savonnait ; elle deviendra très propre. Il faut ensuite la rincer plusieurs fois, pour en extraire toute l'eau de lessive.

Préparation pour tendre le papier.

Le papier à laver doit être tendu afin de présenter une surface parfaitement unie ; pour cette opération, il faut d'abord le faire bien détendre ; ce qui s'effectue en le plaçant horizontalement et l'imbibant, à plusieurs reprises, d'eau bien propre, jusqu'au moment où il paraît mou comme un linge. Dans cet état, on le fixe sur un stirator ou sur un carton de pâte, ainsi que je vais le démontrer.

Il faut observer que tous les papiers à laver ont un bou

côté, qui est celui sur lequel on peut lire, dans son sens naturel, le nom transparent du fabricant, l'autre côté s'appelle le revers du papier ; c'est du côté revers que le papier doit être imbibé d'eau avant d'être tendu.

Première planche.

—

Du stirator.

Le stirator, fig. 3, est formé de plusieurs pièces ; d'abord d'un châssis vide que je désigne par les lettres DEH. Ce châssis doit avoir une feuillure d'un côté, qui doit régner dans tout son pourtour, et dans laquelle vient s'encadrer un autre châssis de même dimension ; il règne autour de ce second châssis une rainure calculée de manière qu'une fois encadrée dans le châssis DEH, il se trouve au niveau de sa surface extérieure, et ne forme avec lui qu'un seul et même plan plane.

Il doit y avoir assez de jeu entre ces deux châssis pour qu'ils puissent entrer facilement l'un dans l'autre et contenir le papier.

Le petit châssis ou châssis B, est quelquefois à jour dans tout son intérieur ; d'autres fois, et ce sont ceux que j'emploie de préférence, il est revêtu d'une bonne toile fixée et recouverte de papier bien blanc fortement collé.

Le papier ayant toujours une grandeur égale, les châssis doivent être confectionnés en conséquence.

Pour tendre le papier avec le stirator.

Il faut que le papier ait au moins, tout autour, un demi-pouce de plus grand que le petit châssis. Ainsi taillé, on le mouille comme il est dit plus haut. On pose le petit châssis dessus, de manière que la partie du papier qui est plus grande dépasse également tout autour; on enlève le papier et le châssis ensemble, sans déranger la symétrie, et on les pose et fait entrer dans le grand châssis. Etant bien emboîtés on les fixe ensemble par des tourniquets qui entrent dans des mortaises pratiquées dans l'épaisseur du châssis. On laisse sécher le papier, qui se tend et se trouve de niveau avec les bords du châssis.

Du carton pâte.

Le moyen de tendre le papier avec le stirator est le plus expéditif; c'est le meilleur à employer lorsque l'on travaille chez soi; mais, pour dessiner d'après nature, un stirator est trop volumineux; le carton pâte lui est alors bien préférable.

Il faut choisir le carton pâte fort, épais, bien battu et bien collé, de manière qu'il ressemble à une planche de bois. Lorsqu'il est tel que je le décris, il a tout l'avantage d'une planche sans en avoir les inconvénients ; car à moins qu'une planche ne soit parfaitement bien faite, et ne soit formée d'un grand nombre de morceaux de bois d'espèces différentes, il est rare qu'elle ne travaille pas, c'est à dire ne se contourne et ne se voile ; le carton de pâte se déforme plus difficilement.

Pour tendre le papier avec un carton pâte.

Fig. 2. La lettre A désigne le carton pâte ; il doit être plus petit d'un pouce au moins sur chaque dimension que le papier que l'on veut tendre.

Après avoir imbibé le papier d'eau, comme il a été dit plus haut, on l'essuie avec un linge ou une serviette ; on pose le carton pâte dessus, de manière que le papier dépasse également tout autour. Alors avec des ciseaux on coupe les quatre angles de la même manière qu'est coupé l'angle C. On couvre de colle tout ce qui dépasse le carton, puis choisissant les deux plus petits côtés, on les rabat de même que le côté DH. Il s'agit alors de s'occuper à tendre les angles, ce qui est la partie la plus difficile. Pour cela, on fait une entaille avec les ciseaux au milieu d'un des côtés qui reste à coller, par exemple en E, on rabat avec bien du soin la partie HE, tirant bien le papier à l'angle H. Cette partie étant fixée, on agit de même pour les trois autres angles.

Le carton ainsi préparé se pose horizontalement entre plusieurs feuilles de papier blanc commun ; on recouvre le tout d'une planche, sur laquelle on met un corps lourd, afin de tenir le carton en presse jusqu'à ce qu'il soit sec.

Si l'on emploie un carton peu épais, il est rare qu'il ne fléchisse et n'offre une surface gauche ; le papier se tend, mais le plus souvent il finit par céder à la tension et crève en plusieurs endroits.

Colle que l'on emploie pour fixer le papier au carton pâte.

Faites dissoudre de la gomme arabique dans de l'eau tiède, puis ajoutez-y de la farine de froment. Cette colle a l'avantage de coller fortement et de sécher vite.

Colle à bouche.

Cette colle doit être choisie un peu molle (élastique), quand elle est trop dure on s'en sert difficilement, attendu qu'elle est difficile à fondre.

Règle et équerre.

La règle doit être parfaitement droite, et l'équerre avoir son angle droit aussi juste que possible ; l'un et l'autre doivent être très minces.

Compas.

Le compas sert à prendre des mesures, il doit avoir plu-

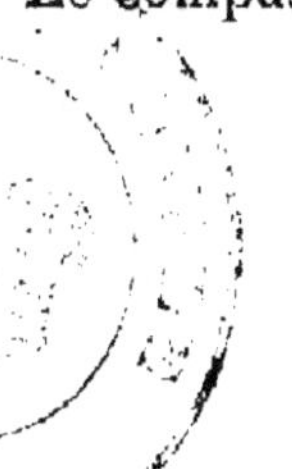

sieurs branches de rechange; l'une est semblable à la branche immobile, on prend avec elle toutes les petites mesures; une autre, et c'est la plus utile, contient un crayon et sert à tracer tous les cercles et arcs de cercle; puis une troisième que l'on nomme branche tire-lignes; son emploi est de passer les lignes à l'encre, de faire des filets autour des dessins.

Des crayons.

On cherche l'ensemble avec un crayon de mine de plomb, n° 2. Ayant trouvé son ensemble aussi juste que possible, on passe au trait avec le n° 3 qui est plus dur que le n° 2, et détermine des contours plus fermes et plus purs.

Si l'on veut se servir des crayons anglais, ceux marqués HB correspondent au n° 2; et ceux marqués H correspondent au n° 3.

Les crayons de mine de plomb allemands peuvent être aussi employés avec succès; ils sont fermes et non susceptibles de se délayer dans les teintes aqueuses qu'on doit étendre par dessus.

Du dolage et de la gomme élastique ou caoutchouc.

Le dolage et la gomme élastique servent à effacer les traces trop fortement accusées par le crayon, ou les faux traits de l'esquisse.

Il faut choisir avec soin la gomme élastique ou caoutchouc végétal; elle doit être bien souple, bien élastique et avoir une certaine épaisseur. Lorsqu'elle durcit, ce qui arrive lorsqu'elle est exposée au froid ou à l'air vif pendant quelque temps, il faut l'amollir ; car sans cela elle écorcherait l'épiderme du papier ou flétrirait le velouté soyeux de sa surface, ce qu'il faut éviter.

Pour amollir la gomme élastique, il suffit de la mettre dans un endroit chaud, ou ce qui est préférable, dans de l'eau bien chaude. Ce dernier moyen a de plus l'avantage de la nettoyer parfaitement.

Le dolage ou rognure de gants blancs, doit avoir la préférence sur la gomme élastique, attendu que par sa grande douceur il a l'avantage d'effacer les traits de crayon sans froisser le papier, et sans lui occasionner de taches.

Des pinceaux.

Il ne peut sortir de beau travail égal, ni de touches spirituelles, d'un pinceau imparfait ; on doit donc se procurer ce qu'il y a de meilleur.

Pour choisir un pinceau, on le trempe dans un verre d'eau pure ; lorsque l'on pense qu'il est bien imbibé, on le retire et on le secoue fortement par un mouvement rapide de haut en bas. Le pinceau ne doit alors former qu'une seule pointe conique, bien lisse, bien unie et effilée ; si au lieu de cela il s'en formait plusieurs, si même n'en formant qu'une elle tendait à s'aplatir, ou bien encore si quelques poils isolément ou en mêche dépassaient ou s'éloignaient, ce pinceau serait imparfait, il faudrait le rejeter. La première épreuve que je viens d'indiquer étant faite, on délaye un peu de couleur et on essaye le pinceau. Alors seulement on est sûr de sa bonté.

Quelques artistes se servent d'une grande quantité de pinceaux, d'un pour chaque couleur ; s'ils en retirent quelques avantages, la perte de temps et le tâtonnement que nécessitent l'emploi successif et alternatif de chacun d'eux sont loin de compenser l'avantage qu'il y a à n'employer pour tout l'ouvrage que deux ou trois pinceaux auxquels la main s'habitue insensiblement.

Je ne me sers que de trois pinceaux ; 1° de deux pour ébaucher, laver de grandes teintes et fondre les teintes entre elles ; ces pinceaux sont en petit-gris, je les ai représentés par celui de la figure 4 ; 2° pour exécuter les finesses de détail et terminer, d'un de martre représenté fig. 5. Mes pinceaux ressemblent en tout point à ces modèles, comme grosseur, longueur et finesse de pointe. Avec ces trois pinceaux tout doit être exécuté, même les traits les plus fins.

Si le pinceau n'avait qu'un seul poil qui dépassât sa pointe, on peut le raccourcir en mouillant ce pinceau et en lui faisant faire la pointe ; alors on l'approche doucement et avec le plus grand soin de la flamme d'une bougie ; regardant et suivant la pointe attentivement ; dès que l'on s'aperçoit qu'elle se raccourcit, on l'éloigne vite ; ce procédé est le plus simple, mais il demande une grande attention, car si l'on approche le pinceau trop près de la lumière, la pointe est perdue.

Il faut se garder de jamais retoucher les pinceaux avec un canif ou avec des ciseaux ; la fleur du poil en serait infailliblement enlevée.

Lorsqu'un pinceau n'est pas assez ferme, il faut le durcir, ce qui s'obtient en le faisant tremper dix ou douze heures de suite dans de l'eau pure ; puis le retirant, le secouant, lui faisant faire la pointe et le laissant sécher; si une fois ne suffit pas, on répète cette opération plusieurs jours et on obtient la fermeté désirée.

Autant que possible, il faut choisir des pinceaux qui aient le tuyau de plume un peu long, afin de ne pas se servir de hampes ou antes ; quoique légères elles ont un certain poids qui souvent gêne la main.

Du canif et du grattoir.

Le canif doit très bien couper, sans cela il ne peut tailler le crayon convenablement.

Le grattoir doit être d'une forme beaucoup plus allongée que ceux de bureaux ; sa pointe doit être bien effilée.

De l'eau et des vases à la contenir.

L'eau doit être très bonne, très propre et autant que possible filtrée.

Quand on travaille chez soi, on n'a besoin que de deux

verres d'eau pure; l'un doit servir continuellement, l'en réserve l'autre pour fournir de l'eau propre au besoin.

Pour laver et aquareller d'après nature, il faut se procurer un *vase-godet* en ferblanc, pouvant contenir au moins un verre d'eau; il doit ressembler en tout à celui représenté figure 7; il s'adapte à la palette ou au portefeuille que l'on tient sur ses genoux, au moyen d'une pince disposée à cet effet.

Faute de vase-godet, on peut se servir d'une petite bouteille, à large ouverture, semblable à celle représentée figure 8.

Des godets et de la palette.

Toutes les fois que l'on a une teinte considérable ou très fraîche à faire, telle que celle d'un ciel, il est bon de la faire dans un godet. On doit donc se procurer plusieurs godets en porcelaine ou en faïence; préférant ceux qui offrent un creux arrondi, évidé pour ainsi dire dans une masse carrée, à ceux dont le fond coupe les parois nettement à angle droit, parce qu'ils sont plus faciles à nettoyer que ces derniers, et qu'on a moins de peine à broyer la couleur dedans; en plus ils ont l'avantage, étant creusés dans une masse rectangulaire, d'avoir plus d'aplomb, et d'être par conséquent moins sujets à se renverser que ceux qui ont la forme de soucoupe.

Mais pour mélanger les couleurs avec facilité, on se sert d'une palette en terre de pipe, en faïence bien blanche ou en biscuit de porcelaine ; ces palettes ont l'avantage de laisser distinguer les diverses teintes et finesses de nuances dont on peut avoir besoin ; leur légèreté les rend très portatives, surtout pour laver d'après nature.

Faute de palette on peut employer une assiette de porcelaine ou de terre de pipe.

Deuxième planche.

Ordre des couleurs sur la palette.

Je préfère les couleurs anglaises de *Newman* à celles des autres fabricants, soit français, soit étranger. J'en excepte cependant quelques couleurs, qui sont : la laque jaune, qui est meilleure en pastille française, la gomme gutte qui doit être naturelle, c'est à dire non travaillée ; l'écarlate, qui est préférable fabriquée en France ; la seppia naturelle de Rome, *Seppia Romero Roma.*

Je place sur le bord de la palette les couleurs de manière que celles qui doivent se mélanger le plus souvent se trouvent près les unes des autres ; voici l'ordre et le nom de chacune d'elles en français et en anglais. Suivez sur la première colonne les numéros correspondants.

1. Vermillon de Chine, *Chenese vermilion;* — 2. Jaune indien, *Indian yellow;* — 3. Bleu de Prusse, *Prussian blue;* — 4. Cobalt, *Cobalt;* — 5. Teinte neutre, *Newtral teint;* — 6. Gomme gutte; — 7. Laque carminée, *Crimson lake;* — 8. Minium, *Red lead;* — 9. Rouge indien, *Indian red;* — 10. Indigo, *Indigo;* — 11. Pierre de fiel, *Galls-tone;* — 12. Seppia; — 13. Terre de Sienne brûlée, *Burnt Sienna;* — 14. Noir de bougie ou de lampe, *Lamp black;* — 15. Vert émeraude, *Emerald green;* — 16. Laque jaune, *Yellow lake;* — 17. Ecarlate, *Scarlet;* — 18. Vert olive *Olive green;* — 19. Ocre jaune, *Yellow ochre;* — 20. Terre d'Italie brûlée, *Burnt Italy.*

Vermillon de Chine.

Cette couleur, d'un rouge éclatant, est très solide. On l'emploie utilement comme eau teintée ou glacis pour échauffer les ciels, les nuages, les lointains et les objets d'un ton bleu.

On appelle glacis des teintes très limpides et plus ou moins chargées de couleur, que l'on passe par-dessus un ton déjà placé et tout à fait sec; les glacis ont pour but de changer la nuance d'un ton, ou de rompre sa crudité, ou de le réchauffer.

Jaune indien.

Couleur très solide, d'une belle teinte plus foncée que la gomme gutte; les fabricants en font de deux nuances, l'une est d'un jaune tirant sur le vert ; l'autre, qui est celle que l'on doit préférer, est d'une teinte jaune d'or ; cette couleur s'emploie avec avantage dans les ciels jaune doré ; elle est excellente pour les glacis ; mélangée avec le vermillon ou le minium, elle donne les tons orangés du ciel au soleil levant ou couchant ; alliée au bleu de Prusse, ou à l'indigo, on en obtient des verts éclatants et chauds.

Bleu de Prusse.

Etant mêlé au bleu de cobalt, le bleu de Prusse concourt à former le ton azuré du ciel, qu'il rend plus fin et plus juste que si le cobalt était employé sans lui ; son mélange donne aussi plus de facilité pour laver une teinte faite en partie de cobalt.

Bleu de cobalt.

Beau bleu céleste, qui remplace avantageusement le bleu d'outremer, et qu'on est obligé de lui substituer dans le lavis, parce que, employé à l'eau, il s'étend trop difficilement.

Le cobalt donne de la finesse et du vaporeux aux lointains, du brillant aux ciels, etc.

Teinte neutre.

Cette couleur est une de celles que l'on emploie le plus, car on la rencontre presque partout, dans le ton des eaux, des ciels, des nuages, des lointains, des montagnes ; on la trouve même dans la couleur des ombres des premiers plans. Partout où l'on a besoin d'air, on en obtient par elle ; alliée au bleu de cobalt , elle donne des demi-tons très fins.

Gomme gutte.

La gomme gutte est un beau jaune clair, qui donne les plus beaux verts, frais et brillants, étant mélangée avec le cobalt ou le bleu de Prusse. On en obtient le vert blanchâtre ou vert saule, en la mêlant avec le cobalt et la laque carminée.

Par sa grande transparence, la gomme gutte doit être placée en première ligne des couleurs servant à glacer ; étant étendue en teinte légère, elle réveille les objets et leur donne de l'éclat, et en glacis épais, elle produit une grande vigueur.

Laque carminée.

La laque carminée sert beaucoup pour rompre la crudité et détruire le mordant de certaines couleurs, tel que celle de ton de verdure trop vert, de ton de ciel trop bleu, etc. Étendue en glacis, elle harmonise beaucoup ; mélangée de gomme gutte et de seppia, elle donne un ton chaud et foncé, servant à exécuter les touches les plus vigoureuses.

Minium.

Rouge orange, servant avantageusement d'intermédiaire pour faire passer imperceptiblement la teinte d'un ciel, du jaunc au bleu, sans nuance verte. Le minium s'emploie beaucoup dans les soleils levant ou couchant.

Rouge indien.

Couleur très solide, servant dans les tons de brique ou de tuile ; lorsqu'on la mélange avec le cobalt et la gomme gutte, elle donne des tons gris très fins ; mais étant alliée à l'indigo et à la pierre de fiel, on en obtient un ton noir très vigoureux, et bien préférable à celui obtenu de la couleur noire.

Indigo.

Couleur vigoureuse, entrant dans les verts, même dans les masses de verdure de ton obscur ou foncé.

Pierre de fiel.

Cette couleur jaune, mélangée à l'indigo, donne des verts foncés, et des verts noirs si on y ajoute de la seppia.

Si on mêle la pierre de fiel avec de la laque carminée et qu'on s'en serve en glacis, elle rendra de la transparence dans les ombres fort obscures ; elle entre aussi avec succès dans les tons chauds des herbes et broussailles du premier plan.

Seppia.

Cette couleur, d'un ton brun, s'allie à merveille et donne de la consistance aux teintes dans lesquelles on la fait entrer ; elle sert principalement à rehausser les parties vigoureuses et à donner les touches de vigueur.

La facilité qu'elle offre en s'étendant par teintes que l'on peut superposer, autant qu'on le veut, les unes sur les autres sans inconvénient, jointe au ton heureux de sa couleur, la font préférer aujourd'hui à l'encre de Chine et au bistre, pour faire des dessins avec une seule couleur.

La seppia de Rome est fabriquée de deux nuances ; on doit employer celle qui est la plus colorée.

Terre de Sienne brûlée.

Belle couleur transparente, dont on se sert beaucoup, étant mêlée de seppia, pour donner des teintes chaudes dans les reflets des objets foncés des premiers plans, dans les tons des terrains, des vieux murs, des intérieurs, etc.

Mélangée à l'indigo et au jaune indien, on en obtient des verts d'automne.

Noir de bougie ou noir de lampe.

C'est le plus beau des noirs, on s'en sert peu dans les tons du paysage.

Vert émeraude.

Cette couleur s'emploie dans les verts clairs et brillants. Il est très difficile de la composer sur la palette par le mélange d'autres couleurs, si bien que l'on ne peut s'en passer pour représenter les objets qui se trouvent être de cette couleur, tels que bateau, persienne, etc., et pour gouacher certain ton d'arbre vert, dans l'ombre ; on la fait aussi entrer quelquefois, mais avec réserve, dans le ton des eaux.

Laque jaune.

Beau jaune, aussi brillant et transparent que la gommegutte, et qui a sur cette couleur l'avantage d'être plus chaud et de couvrir davantage.

Ecarlate.

C'est la plus brillante de toutes les couleurs rouges, on s'en sert avec succès dans les effets de soleil couchant, très chaud.

Vert olive.

Vert brun transparent, pouvant être employé en glacis; mélangé avec l'indigo, on en obtient des verts foncés et chauds; allié à l'indigo et à la teinte neutre, il donne des verts bleuâtres ou vert-arbre dans l'ombre.

Ocre jaune.

Couleur jaune non transparente, ne devant être employée que pour représenter des terrains ou des murailles, auxquels elle donne de la consistance.

Terre d'Italie brûlée.

De même que l'ocre rouge, cette couleur est peu transparente, elle est très solide et sert à gouacher et réchauffer.

Blanc léger.

Le blanc léger s'emploie quelquefois en glacis, pour rendre du vaporeux à certain plan de paysage devenu trop foncé, mais il ne faut pas abuser de ce moyen, car il aurait l'inconvénient d'alourdir et de rendre mattes les teintes sur lesquelles on le superpose ; mais c'est principalement pour rehausser et gouacher quelques parties des dessins qu'il rend de grands services; dans cet emploi, quelques artistes, entre autres MM. Watelet et Gavarni, ont su en tirer un parti merveilleux.

Il faut choisir le blanc léger avec le plus grand soin ; il doit être net de ton, brillant, léger et facile à dissoudre ; celui de *Cossard* remplit les conditions; les marchands le vendent renfermé dans du papier, et formant des petits paquets; si l'on ouvre ces paquets, on doit le trouver sous la forme de bandes minces et fracturées, et offrant des divisions de diverses grosseurs.

Pour se servir du blanc léger, on le met dans un godet, puis l'on verse dessus un peu d'eau bien propre ; lorsqu'il en est suffisamment imbibé, on le broie avec une molette, il doit alors ressembler à de la crème; il est de rigueur de le broyer toutes les fois que l'on veut s'en servir.

Le blanc léger mis en pain est en général mauvais.

*Étude de nuances produites par la combinaison de deux,
puis de trois des couleurs de la palette.*

Chaque couleur peut produire une grande variété de
nuances, même employée seule, par la raison que le plus
ou moins d'eau dont on l'aura détrempée et qui sert à l'é-
tendre, la rendra plus faible s'y trouvant mélangée en plus
grande abondance ; donc, depuis la couleur dans toute sa
force, c'est à dire dans son plus foncé, jusqu'à l'eau légèrement colorée de cette couleur, la diversité peut être considérable. Mais si l'on mélange deux couleurs différentes
les combinant toujours différemment, tantôt l'une domi-
nant, tantôt l'autre ; les affaiblissant ensuite progressivement au moyen de l'eau, il doit en résulter une variété de
nuances très considérable.

La troisième colonne de la planche II renferme des
nuances produites par la combinaison de deux couleurs de
la palette ; j'ai indiqué les couleurs par les numéros qui indiquent leur ordre sur la palette. Ainsi la *nuance orange*,
qui est marquée par les numéros 1-2, désigne qu'elle est le
produit du vermillon et du jaune indien. La *nuance verte*,
marquée par 2-3, désigne qu'elle provient du jaune indien
et du bleu de prusse, etc., etc., et ainsi de suite pour toutes
les autres. J'engage fortement d'étudier ces nuances avant
de passer à la confection des dessins ; cet exercice terminé
on passera à l'imitation de la quatrième colonne que l'on
devra de même reproduire aussi fidèlement que possible

Les nuances de cette colonne sont le résultat de la combinaison de trois des couleurs de la palette. Je les ai de même désignées par les numéros correspondants. Ainsi la nuance bleu d'azur, marquée 3-4-7, est le produit de la combinaison du bleu de Prusse, du cobalt et de la laque carminée.

Troisième planche.

—

Etude de teintes unies et dégradées de ciels, de nuages.

Les teintes étant, on peut dire, la partie fondamentale du lavis et de la peinture à l'aquarelle, je ne puis trop insister à recommander aux élèves de les étudier scrupuleusement et longuement ; car de l'habileté à les exécuter dépend une grande partie du talent d'exécution de l'aquarelliste.

Pour exécuter à la seppia une teinte unie et dégradée, c'est à dire passant imperceptiblement du clair au foncé.

Après avoir arrêté par un trait l'espace dans lequel doit être contenu la teinte, on place à sa droite la palette entre soi et les verres d'eau ; elle doit être très propre. On verse quelques gouttes d'eau sur l'une de ses extrémités, et l'on délaye un peu de seppia, ce qui s'obtient par un frottement léger d'un des côtés du pain de couleur sur la partie mouillée ; je dis qu'il faut frotter légèrement, car sans cette précaution, elle se dissoudrait par grumeaux, et ne donnerait aucun ton convenable. Il ne faut pas non plus mettre, c'est à dire délayer, trop de seppia à la fois sur la palette, parce qu'elle sècherait, et que pour l'employer on serait obligé de l'imbiber d'eau et de la délayer de nouveau avec le pouce ; le pouce, dans ce cas, est préférable au pinceau, avec lequel on ne peut pas appuyer assez fort, et surtout également partout ; il en résulte qu'il laisse une grande quantité de parcelles de seppia non dissoutes ; ces parcelles font tache dans les teintes, et leur ôtent leur transparence et la fraîcheur qu'elles doivent avoir.

Fig. 1. Cette teinte doit être plus claire en bas du dessin, et se foncer progressivement à mesure qu'il s'élève. On choisit pour l'exécuter l'un des deux gros pinceaux, celui qui est le plus usé, car un pinceau émoussé est préférable pour laver de grandes teintes.

On apprêtera la teinte : pour cela, on met de l'eau en grande abondance dans un godet, et l'on y ajoute de la seppia délayée de dessus la palette ; on mélange le tout avec le pinceau, en remuant jusqu'à ce que la teinte soit égale de ton, et qu'elle n'offre pas la moindre nuance.

Principe. Il faut que la teinte soit en quantité suffisante pour pouvoir couvrir toute la surface ; car on ne doit jamais remettre de l'eau dans une teinte lorsqu'on a commencé à en couvrir l'endroit qui lui est destiné; une teinte plus claire mise à la suite d'une plus foncée fait tache, au lieu de se fondre avec elle.

Si dans une teinte parfaitement unie et mouillée, on pose une goutte de teinte plus claire, elle s'étend et forme une tache blanchâtre et rayonnante.

La teinte doit être un peu plus foncée que la partie la plus vigoureuse, car en séchant, elle s'affaiblit de près d'un tiers.

Il faut avoir soin de conserver toujours en réserve de la seppia délayée sur sa palette, pour pouvoir, au besoin, renforcer une teinte.

Si l'on ne peut mettre du plus clair sur du plus foncé, on peut placer une teinte plus foncée sur une plus claire encore humide, elles se fondent parfaitement ensemble.

Revenons aux apprêts de l'exécution. Comme la teinte est plus foncée en haut, il faut placer devant soi son dessin, et l'incliner au moyen d'un livre ou d'une boîte, comme il est représenté *planche* 1, *figure* 1.

Tout ce que je viens d'indiquer étant prêt, on passe à l'exécution : prenant de la teinte dans le godet, on l'étend sur la surface qui doit la contenir, et quoique tout en soit couvert, on en repasse vivement plusieurs fois par dessus afin d'en abreuver le papier et de rendre cette teinte bien transparente. L'espace étant ainsi couvert, et encore parfaitement mouillé, on relève son dessin verticalement (toujours le foncé en bas), et l'on frappe avec, le tenant dans cette position, plusieurs petits coups sur la table, afin de faire descendre la partie la plus lourde de la seppia, ce qui fonce naturellement, et donne une gradation imperceptible.

Remarque. Il ne faut pas craindre que la teinte dépasse le bord supérieur, car toute la partie du papier qui excède le dessin doit en être retranché lorsqu'il est terminé.

Autre remarque. Avant de passer une teinte sur un dessin, on l'essaie quelquefois sur une bande de papier, qui doit être, autant que possible, de même qualité; il ne faut pas employer à cela la partie excédante ou marge du dessin, parce que les nuances et les diverses taches que l'on y ferait nuiraient à l'effet général.

Pour exécuter une teinte bleue, unie et dégradée, passant imperceptiblement du clair au foncé.

Fɪɢ. 2. Cette teinte s'exécute avec le bleu de Prusse, employant la même préparation et les mêmes procédés que la teinte à la seppia.

Pour exécuter une teinte ou un ciel uni, de couleur orange clair à l'horizon et bleu à la partie la plus élevée. Ces deux couleurs doivent se fondre par une nuance imperceptible.

Fɪɢ. 3. Il faut délayer dans un godet du minium, puis dans un second faire la teinte azurée du ciel ; elle s'obtient par le mélange du bleu de Prusse, du bleu de cobalt et de laque carminée; si cette teinte était faite entièrement de cobalt elle ne s'étendrait pas aussi bien sur le papier que lorsqu'on y ajoute moitié bleu de Prusse; il résulte de cette combinaison que le bleu de Prusse entre dans l'épiderme du papier et l'abreuve, tandis que le cobalt reste au dessus et brille d'un plus vif éclat que s'il était seul; la laque carminée entre en très petite quantité dans cette teinte, sa présence a pour utilité de rompre la crudité du bleu et de lui donner plus de finesse.

Remarque. Le cobalt entrant seul dans une teinte azurée a l'inconvénient de s'étendre difficilement, et de se former en grumeau sur toute la surface qu'il recouvre.

La teinte du ciel étant faite, on procède ainsi que je l'ai expliqué, à la planche précédente, de même que pour exécuter une teinte unie à la seppia, c'est à dire placer en bas la partie la plus foncée; mouiller entièrement avec de l'eau propre la surface du ciel avant d'y étendre les couleurs; placer d'abord la teinte de minium, la poser sur les montagnes et la partie inférieure du ciel. Ajouter à sa suite la teinte azurée, relever son dessin verticalement toujours le ciel en bas, et frapper plusieurs petits coups avec sur la table afin de fondre et unir les teintes, et pour les foncer imperceptiblement, à mesure qu'elles s'approchent de la partie supérieure du ciel, etc. Le ciel étant sec, passer de la teinte neutre sur la montagne.

Pour exécuter une teinte passant du bleu au jaune.

Fig. 4. Cette teinte s'exécute d'abord avec le jaune indien, puis on y ajoute par gradation du bleu de Prusse. Il est bien entendu que pour cette teinte et toutes celles qui sont graduées, le papier doit être incliné la partie la plus clair étant toujours en haut.

Pour exécuter un ciel qui passe imperceptiblement, de la couleur jaune à la couleur bleu d'azur sans que la nuance intermédiaire soit verte.

Fig. 5. Pour cela, placer la couleur jaune, et lorsque l'on approche de la partie qui doit contenir le bleu ; y ajouter par gradation un peu de minium ; au mélange de jaune et de minium, on ajoute la couleur d'azur de manière à la laisser dominer progressivement. Le carmin peut s'employer à la place du minium.

Des teintes en général.

Si l'on dépose sur une surface blanche une goutte de couleur et qu'on la fasse couler en inclinant la surface, elle laissera une trace coloriée ; si l'on ajoute successivement des additions de différentes teintes, suivant les exigences du modèle, on obtiendra une trace ondulée de tons, qui passeront de l'un à l'autre sans coupures et sans reprise. Si la teinte est de même couleur, mais plus foncée dans une partie que dans une autre, il faut incliner de manière que la partie claire se trouve en haut. Ce principe doit être employé pour toutes les teintes quelque compliquées qu'elles soient.

Pour exécuter une teinte unie et dégradée, passant imperceptiblement du bleu à la teinte neutre, et de la teinte neutre au jaune.

Fig. 6. Cette figure est une application du principe général que je viens d'énoncer.

Pour exécuter un ciel de couleur d'azur, et entremêlé de nuages clairs.

Fig. 7. Il faut d'abord étendre et graduer la teinte d'azur sur toute la surface du ciel et sur la montagne, sans s'occuper aucunement du clair des nuages. Cette première teinte doit être repassée plusieurs fois sur la totalité du ciel afin d'en abreuver le papier, ce qui rend la teinte plus transparente, et a de plus l'avantage de l'empêcher de sécher trop vite.

Principes. Lorsque l'on couvre le papier d'une teinte quelconque, il faut la passer plusieurs fois et de suite sur toute la surface qui doit la contenir ; car, si on ne la passe qu'une seule fois et vitement, quoique mise à grande eau, elle pénètre très peu dans l'épiderme du papier et reste presque à la surface. Il en résulte qu'elle paraît de beaucoup plus claire quand elle est sèche que lorsqu'on l'a placée et qu'elle est humide ; car une foule d'interstices ou grains du papier n'ont pas pris cette couleur n'y étant pas forcés, en quelque sorte, par une surabondance ; une teinte ainsi exécutée a encore un autre inconvénient, et c'est le plus majeur, c'est d'être trop vite happée et séchée. Si, au contraire, on passe la teinte plusieurs fois et de suite sur le papier, bien enduit d'humidité, elle séchera moins vite, et par conséquent offrira plus de ressources au travail.

Remarque. — J'ai dit : l'on peut mettre une teinte plus foncée sur une plus claire encore humide ; elles se fondent parfaitement ensemble ; j'ajouterai qu'il ne faut pas que la première soit encore extrêmement humide, et surtout que le pinceau qui contient la seconde en soit par trop rempli ; il aurait dans ce cas l'inconvénient d'en trop déposer, en sorte qu'elle s'étendrait au delà de la limite qui doit la contenir, et il serait presque impossible de lui faire prendre la forme qu'on veut lui donner. Si la première teinte est presque sèche, le vice qui en résulterait serait plus grand ; la trop grande quantité de liquidité de teinte déposée par le pinceau formerait tache, au lieu de se fondre ; il est donc urgent de bien méditer ces principes avant de les mettre à exécution.

Remarque.—Quand je dis qu'il faut repasser plusieurs fois la teinte sur le papier afin d'en abreuver la surface, je n'entends pas dire qu'il faille mouiller extraordinairement ; cet excès serait aussi pernicieux que celui inverse, le papier trop imbibé se détend et forme des sillons et des creux dans lesquels la teinte se dirige de préférence ; il est difficile de l'empêcher d'y séjourner et d'y former des nuances plus foncées. Ainsi, quand le papier se boursoufle, c'est qu'il est trop imbibé ; il est urgent d'attendre pour travailler dessus qu'il soit un peu ressuyé.

Ayant établi les principes desquels dépend la réussite des teintes qui forment les ciels, je vais de suite parler de nuages qui ont une partie plus foncé que l'azur ; puis je reviendrai à l'exécution de la figure que j'ai commencé à décrire.

Pour fondre la limite de la partie foncée des nuages, avec la teinte d'azur ou toute autre qui leur sert de fond.

Après avoir établi la teinte d'azur comme il est expliqué, et pendant qu'elle est encore entièrement humide, placer dessus la teinte foncée des nuages, qui doit être plus foncée que celle sur laquelle on la pose. On obtient la forme que l'on désire, et on place son stirator dans une position verticale et le ciel en bas ; frappant quelques petits coups, non seulement ils servent à adoucir le contour, mais encore à le fondre sans transition imperceptible. Si ces nuages doivent avoir des clairs, on les obtient en les enlevant comme je vais l'expliquer ; pour cela je reviens à l'exécution du ciel que j'ai commencé à décrire.

Pour enlever ou rattraper dans une teinte humide des clairs et des demi-tons à des nuages, au moyen du pinceau.

Lorsque l'on commence l'étude du lavis, la méthode d'enlever au moyen du pinceau, semble la partie la plus difficile ; cependant lorsque l'on est un peu exercé, on la trouve aussi facile que toute autre méthode, et l'on reconnait qu'elle a sur toutes l'avantage d'enlever au degré que l'on désire.

Principes. Si on pose un pinceau propre et légèrement humide, sur une teinte fraîchement placée, et pendant que le papier en est encore tout mouillé, ce pinceau happera, prendra une portion de la teinte, et fera une tache plus ou moins claire, suivant qu'il aura enlevé une plus ou moins grande partie de cette couleur ; c'est ce principe qui m'a conduit à employer le pinceau de préférence à tous autres objets et moyens, pour enlever les clairs, et demi-tons des nuages.

Fig. 7. *Pratique.* Dès que l'on a étendu la teinte d'azur, on place le dessin devant soi, vu de son vrai sens ; il est de rigueur qu'il soit posé horizontalement, afin que les couleurs restent telles qu'elles ont été disposées. Alors on nettoie son pinceau au moyen d'eau propre, et on le passe à sa bouche afin d'en extraire la presque totalité de l'eau, car il faut qu'il ne soit plus que légèrement humide ; s'il contenait trop de liquide, il ferait tache. Ainsi apprêté, on le pose sur une des parties qui doit être enlevée et redevenir claire; il doit être placé de manière à former angle demi-droit avec la surface du dessin, ce qui le fait appuyer sur le papier, depuis la pointe jusqu'à la partie la plus enflée. Le plus difficile de l'opération est de donner au pinceau, ainsi placé, le mouvement nécessaire pour lui faire enlever la couleur par place tout à fait blanche, ou demi-blanche. On appuie légèrement sur toute la partie du pinceau qui pose sur le dessin, en le rapprochant d'une demi-ligne vers soi, et en le tordant un peu par un mouvement de droite à gauche; le pinceau ne doit quitter le papier que lorsque la touche produite par à peu près le quart de cercle qu'il décrit en tordant, est terminée et enlevée au degré que l'on désire; seulement alors il quittera la surface du papier par un mouvement rapide.

Remarque. Pour enlever le clair des nuages, on procède toujours en allant du bord du nuage à son intérieur, ce qui permet d'enlever plus ou moins franchement la silhouette, et de perdre la touche en la terminant par une transition imperceptible.

Autre remarque. Le pinceau doit être nettoyé, lavé dans l'eau propre, après deux ou trois touches au plus, afin de l'avoir toujours très propre, première condition de cette manière d'enlever.

Pour enlever en clair de petits nuages de forme allongée en lignes droites.

Lorsqu'au lieu de touches de forme ronde et modelées,

on veut obtenir seulement de petits nuages clairs et de forme longue plus ou moins en ligne droite, on fait décrire au pinceau un léger arc de cercle, le posant, le traînant et lui faisant quitter la surface du papier. Par cette opération le pinceau est placé dans une direction oblique, sa pointe tournée vers la gauche, et son tube entre les doigts de la main droite, et par conséquent tourné vers la droite, il fonctionne par une touche de gauche à droite.

Remarque. Lorsque l'on commence la touche, le pinceau forme avec la surface du papier un angle très aigu ; lorsqu'il la termine il s'est redressé presque verticalement.

Quand on est familier avec ces deux modes d'enlever par touche, on peut modeler un nuage, le travaillant autant qu'on le désire. La pratique apprend à appuyer plus ou moins afin d'obtenir un clair franc, un demi-clair, ou un demi-ton ; il faut seulement se souvenir que si l'on appuyait par trop fort avec son pinceau sur la surface du papier, on écraserait des parcelles imperceptibles de couleur qui se trouvent dans les teintes, et qu'alors, au lieu d'enlever elle donnerait des touches sales, foncées ou rayées.

Ayant décrit longuement, et suffisamment je crois, la méthode que j'emploie de préférence pour enlever la partie claire des nuages, je vais compléter ce travail en faisant la description des divers autres moyens en usage parmi les aquarellistes.

Tous les moyens d'exécution sont bons, lorsqu'ils con-
duisent au but.

Pour adopter exclusivement une manière particulière d'exécution, servant à la représentation des objets que nous offre le produit de la nature et celui des hommes, il faut être persuadé qu'elle est préférable à toute autre manière; cependant il serait absurde de conclure qu'universellement elle doive être adoptée, et qu'agir autrement est vicieux. Il est certain que voulant atteindre au même but, chacun de nous suit souvent une route très différente, et lorsqu'il ne peut arriver, il est rare qu'il puisse l'attribuer à l'emploi des moyens manuels, mais bien à l'ignorance de la connaissance des principes qui constituent la science de l'art véritable. Je suis convaincu qu'il faut une grande tolérance dans les beaux-arts, quant aux divers moyens pratiques de confection que chaque peintre s'approprie, vu que ses moyens sont généralement en harmonie avec son être, avec sa manière de sentir, de voir, de penser. Si l'ame s'unissant au corps apporte à tous la même dose d'intelligence et de savoir, que de causes diverses mettent obstacle, ou bien concourent au développement de ses facultés; la paresse, l'activité, le vouloir, la persévérance, la force du sang, le tempérament et particulièrement l'occasion ; car faute de trouver à se développer, la plante qui aurait pu rendre les plus grands services reste emprisonnée et ignorée dans son germe. Je prétends que dans tous les ouvrages où l'homme met en évidence les ressources de son intelligence, et l'énergie dont son ame est capable, il tend toujours à se reproduire dans son œuvre ; ainsi en réfléchissant l'univers, l'homme réfléchit aussi son individualité, sa personnalité, et les moyens qu'il emploie pour cela lui appartiennent en propre ; ils sont sa manière de s'énoncer, son langage particulier. Par cette raison on ne doit s'établir juge que du résultat, et aucunement des moyens pratiques qui l'ont provoqué, c'est à dire que l'artiste n'est réellement attaquable que dans la partie scientifique de l'art, comme étant la seule que chacun puisse analyser, quand toutefois il est initié aux règles et principes basés sur les lois auxquelles tous les corps sont soumis.

L'artiste doit donc posséder à fond la connaissance de toutes les parties qui régissent son art ; d'abord la perspective ou grammaire du dessin qui lui enseigne à représenter avec certitude la forme apparente du contour des masses et détails, puis du clair et de l'ombre, ensuite la valeur des ombres, des reflets, et la réflexion du mirage des objets sur les eaux. Le peintre de figure humaine doit de plus connaître l'homme, comme os, articulations, muscles, attaches des muscles, directions des fibres musculaires, les lamelles fibreuses, les tendons, etc., etc., puis les effets généraux et particuliers de leur concours dans toutes les actions de la vie ; il doit aussi approfondir l'étude des races, des caractères, des tempéraments, des passions, etc, etc. Le peintre de paysage doit posséder la connaissance raisonnée de la physionomie des masses et détails des arbres, des rochers, des terrains, des ciels, des eaux et de l'architecture, suivant leur exposition, les diverses heures du jour, les crises et variations de l'atmosphère, les climats et latitudes, et surtout leur plus ou moins d'éloignement de l'œil.

D'après ma manière de penser, il est bien entendu que si je critique quelquefois les œuvres de quelques peintres aquarellistes, c'est le résultat seul que j'entends attaquer, et nullement les moyens pratiques qui l'ont provoqué.

Des ciels dont on conserve la partie claire des nuages.

Cette méthode, qui a été généralement suivie jusqu'à ce jour, est employée de deux manières ; l'une qui est la plus ancienne consiste à conduire la teinte qui doit silhouetter le nuage, jusqu'à son bord clair que l'on a eu le soin de dessiner exactement avant ; c'est ainsi qu'opéraient Boissieu, Thibault, et que le font encore MM. Bouton, Lapito, Renoux, Topfer.

Quelques artistes ne disposent pas le dessin de leurs nuages à l'avance, ils l'arrêtent seulement au pinceau en conduisant la teinte qui doit les cerner, ils profitent avec adresse de ce que le hasard leur offre, et ils en obtiennent des formes et combinaisons souvent heureuses, ainsi font MM. Calame de Genève, Coignet, Fielding, Gudin, Harding, Hubert, Joly, Roqueplan, Siméon-Fort.

La seconde manière est celle qu'a imaginée M. Watelet, elle consiste à mouiller le papier avec une éponge fine et arrondie le plus possible, ensuite d'absorber l'eau de sa surface avec une serviette ou un mouchoir blanc et sec, de façon que le papier ne soit plus qu'humide, ce moyen donne des nuages fermes de contours sans dureté. On peut revenir de la même manière autant de fois qu'il est nécessaire, après toutefois avoir remouillé la partie qne l'on veut travailler, mais alors il est préférable d'employer le pinceau, le passant avec une grande légèreté afin de ne pas détruire les premières teintes qui se trouvent dessous; cette manière d'exécuter est adoptée par MM. Dorchewillers, Guët, Mozin, Pernot, Rafort; quelquefois je l'ai employé pour retoucher des portions de ciels et afin de conserver la pureté du contour enlevé. Au lieu de me servir du mouchoir blanc ou d'une serviette, je préfère le papier joseph dit papier de soie, ou tout autre papier buvard.

Si en passant la première teinte qui doit entourer le contour du nuage, on désire fondre ce contour par place, il est aisé de le faire au moyen d'un pinceau un peu humide.

Lorsque le contour réservé est trop dur, pour l'affaiblir on repasse une légère teinte dessus, ou même, ce qui est préférable, on couvre le contour d'eau propre au moyen du pinceau; on laisse séjourner cette eau une minute, puis le frottant doucement avec la pointe d'un petit pinceau de martre on fait disparaître le trop prononcé.

Dans les effets de soleil levant ou couchant, M. Watelet réserve souvent les clairs des nuages sans avoir mouillé la

place auparavant, il agit ainsi afin d'obtenir des clairs scin-
tillants de lumière ; mais il ne le fait que sur des teintes légères, et il donne fort peu d'étendue à ses réserves, afin de
leur conserver le caractère aérien qui convient à leur nature. M. Hubert ne pense certainement pas à ce principe,
lorsqu'il donne aux silhouettes ou contours clairs des nuages,
une ligne dure, âpre, aussi prononcée qu'aux arêtes solides les plus marquées des fabriques.

*On enlève aux nuages des clairs-vifs, des demi-tons,
des tons très légers, au moyen de la gomme élastique,
d'une serviette, d'un mouchoir, d'un morceau de
drap, de mie de pain rassis, et même du doigt et du
pouce.*

Si l'on couvre d'eau propre, au moyen du pinceau, une
portion d'une teinte parfaitement sèche, que l'on absorbe
cette eau au moyen d'un papier buvard, puis, pendant que
l'humidité existe encore, que l'on frotte cette place avec un
morceau de gomme élastique propre et moelleux, cette
gomme élastique enlèvera la couleur et l'épiderme du papier sur toute la surface mouillée, le papier redeviendra
blanc comme avant toute opération. Passant alors de la san-
daraque, ou frottant seulement cette place avec l'ongle du
pouce afin de la lustrer, ou, ce qui est préférable, y passant
un peu d'encollage, on pourra la retravailler comme auparavant ; cependant les teintes reposées sur les endroits enlevés ne peuvent obtenir autant de fraîcheur que dans l'état

primitif du papier, par la raison qu'il a perdu sa fleur.
M. Decamps emploie souvent ce moyen dans la confection
de ses ciels, ce qui le met à même d'obtenir de grands effets,
et de combiner une heureuse progression de suites de
nuages; mais malgré la manière habile dont il s'en sert, il ne
peut empêcher ses nuages d'être lourds de forme et en même
temps mous de contours. Les imitateurs de cet artiste habile
ont abusé de l'emploi de la gomme élastique, au point
que leurs ciels semblent sortir d'une manufacture de papiers peints.

Bonington, Enfantin, Francia père, employaient de la
même manière et au même usage un mouchoir, ou un chiffon
blanc dont le doux n'arrachait pas l'épiderme du papier avec
la même âpreté que la gomme élastique et qui leur permettait de n'obtenir au besoin qu'un demi-ton ou même un
quart de ton.

M. Cicéri père, lorsqu'il a besoin de rattraper un clair
ou un demi-ton à ses nuages, touche de même la place, au
moyen du pinceau trempé d'eau propre; il attend que la
couleur soit pénétrée du liquide, et il enlève avec le pan ou
le parement de la manche de son habit. Il préfère donc enlever avec du drap.

Me voici arrivé à un moyen original dont se sert quelquefois M. Eugène Isabey, moyen qui est fréquemment en usage
dans l'école anglaise. Pour représenter, dans une marine à
l'aquarelle, un ciel légèrement voilé de nuages diaphanes,
rempli de lumière, et se déchirant par place pour laisser

apercevoir un peu du bleu d'azur, M. Eugène Isabey étendit d'abord sur toute la surface du ciel une légère teinte grise azurée, ou, pour mieux m'exprimer, une teinte formée de teinte neutre et cobalt, mélangée de beaucoup d'eau ; lorsque cette teinte fut sèche, il passa rapidement de l'eau propre sur toute sa superficie, puis l'absorba au moyen de papier joseph, et de suite, pendant que le ciel était empreint d'humidité, il émietta dessus de la mie de pain rassis, la frottant, la conduisant dans tous les sens, et appuyant plus ou moins par place suivant qu'il désirait obtenir un plus ou moins grand clair. Ce travail fait, il posa spirituellement par place quelques demi-tons et deux ou trois couches de bleu d'azur, et il avait obtenu un ciel des plus brillants et modelé autant qu'il est possible de le faire.

Le moyen d'enlever avec le pouce s'apprête comme tous ceux que je viens de décrire, au moyen de touche avec le pinceau mouillé et de l'eau absorbée avec du papier joseph. Alors le pouce ou un doigt de la main droite remplace la gomme élastique ou le mouchoir blanc, c'est à dire que l'on frotte et enlève avec. Ce moyen précieux ne permet pas d'enlever le papier à blanc, mais il a l'immense avantage d'obtenir une nuance aussi légèrement qu'on le désire. MM. Gavarni, Watelet, Villeneuve, MM^{lles} Aline Alaux, Caroline Picard, s'en servent avec succès.

De l'emploi du grattoir pour obtenir des clairs et des demi-tons.

Il faut un grattoir ordinaire, pas trop affilé, mais coupant bien, et la place que l'on veut travailler doit être couverte de couleur parfaitement sèche. Pour procéder à enlever la couleur dans un endroit quelconque, on mouille cette partie avec le pinceau, de manière que la couleur soit imbibée, et puisse se détremper. Lorsqu'on la croit suffisamment pénétrée d'humidité, on l'enlève avec le grattoir par touches franches, exécutées spirituellement, et ayant la forme des détails que l'on veut obtenir. On enlève la couleur plus ou moins profondément, suivant que l'on veut obtenir un demi-ton ou un blanc franc. Le résultat étant satisfaisant, on passe de l'encollage sur les endroits enlevés, et on les glace de couleur transparente. On termine le dessin en le repiquant de quelques touches vigoureuses.

M. Champin a adopté spécialement ce procédé.

Les figures 8 et 9 sont des applications de ses diverses méthodes.

Ciels couverts de diverses couleurs et nuances, mariees ou fondues l'une dans l'autre.

Mouiller toute la superficie du ciel et poser les couleurs et nuances chacune à leur place, les plus claires les premières, puis les plus foncées, par ordre de vigueur, mettre le stirator dans une position verticale et suivant le besoin, tantôt le ciel en bas, tantôt les côtés, quelquefois un angle, etc. Le tout devra se mélanger parfaitement. MM. Brune, Champin, Pernot, Storelli père, obtiennent par ce moyen des ciels des plus heureux.

M. Vander-Burch emploie, pour fondre les nuances des ciels, deux moyens qui lui sont propres.

Les teintes des diverses nuances étant posées, il se sert d'un gros pinceau qu'il écarte le plus possible (*voir* pl. 1, fig, 6) et qui lui sert ainsi à amalgamer le tout ensemble. L'autre moyen est assez commode et prompt à en venir au même résultat, c'est de se servir de l'éponge arrondie au lieu du pinceau, quand tous les tons sont placés de manière à pouvoir être mêlés entre eux, on presse l'éponge jusqu'à ce qu'elle ne soit plus qu'humide, et on s'en sert comme d'un tampon; cette opération doit s'exécuter légèrement pour ne pas altérer les formes. On peut l'employer plus hardiment dans le cas où l'on désirerait produire un effet de brouillard.

De l'emploi du châssis à jour qui laisse à découvert le revers du dessin.

J'ai dit page 14 : Le petit châssis figure 3 est quelquefois à jour dans son intérieur. Lorsqu'il doit être employé ainsi, il faut qu'il soit confectionné en conséquence; celui, par exemple, qui est destiné à coller le quart d'une feuille de papier à laver doit avoir sa dimension, quelques lignes de

moins grande, afin de pouvoir le replier et fixer dans le stirator ; il en est de même lorsqu'il ne fait pas partie d'un stirator et que le papier doit être collé sur son bord intérieur ;
dans ce cas, il est tout simplement formé de quatre morceaux ou règles de bois bien jointes ensemble. Quoique
son épaisseur ne doive avoir que quelques lignes, il
est cependant convenable de lui donner une pente de
l'extérieur à l'intérieur , afin de la diminuer encore et
la rendre la moins forte possible, et par conséquent susceptible de produire une ombre portée moins grande sur
le papier.

On exécute avec le châssis au moyen d'une règle plate
assez résistante, que l'on pose sur les parois du cadre, et
sur laquelle on appuie la main ; car il serait impossible de
le faire sur le papier même, qui continuellement est hu-
mecté derrière, suivant la place où l'on travaille. Il est nécessaire que ce châssis soit posé de manière à être en
pente, afin d'isoler entièrement le papier à dessin de la table sur laquelle on peint.

On opère avec ces châssis de même qu'avec les stirators
et cartons ordinaires, par les moyens que j'ai expliqués ; la
seule différence consiste dans l'emploi du papier, que l'on
mouille derrière avec l'éponge, et qui doit rester humide
tout le temps que l'on travaille les teintes et les diverses
nuances qui doivent s'y mêler.

Ces châssis peuvent offrir quelques avantages à un commençant par la facilité qu'ils lui donnent d'empêcher une

partie de sécher avant qu'il ne l'ait terminée. M. Siméon-Fort, Vander-Burch, en font continuellement usage; M. Watelet l'emploie seulement dans le cas où le mélange, par la complication des nuances des couleurs, lui semble présenter des difficultés. J'ai bien médité les avantages que l'on peut en retirer, et j'ai été conduit à conclure que les accidents auxquels ils peuvent donner occasion, ne balancent pas leurs avantages. D'abord le papier ainsi tendu et continuellement mouillé finit, rien que par son propre poids, par contracter une forme concave, qui présente des difficultés dans l'exécution des teintes unies; si le papier détendu touche la table, il est rare qu'il ne se salisse; il y a de certaines couleurs qui, lorsqu'elles sont trop détrempées, le pénètrent tellement qu'il en est traversé; d'autres sont repoussées par une trop grande humidité de dessous, qui quelquefois les décompose; dans cette condition, il est continuellement exposé à se déchirer, à se trouer, et son grain grossit extraordinairement.

Par les moyens que j'ai décrits, on peut arriver à un résultat aussi bon que possible, quelque considérable que soit la teinte à exécuter; j'ai envoyé à plusieurs expositions du Louvre des aquarelles et seppias dont les ciels n'avaient pas moins de deux pieds sur cinq pieds. M. Champin en a exposé encore de plus grandes; cependant l'un et l'autre nous avions travaillé sur du papier collé sur des châssis ordinaires, c'est à dire pas à jour par derrière, et pourtant nos ciels étaient aussi ouvragés et compliqués que possible.

Thibault, qui a pratiqué l'aquarelle avec grand succès, et dont les amateurs recherchent les productions avec avidité, vivait dans un temps où les moyens manuels n'étaient pas aussi nombreux et surtout aussi perfectionnés qu'aujourd'hui ; cependant il avait conçu l'idée d'un châssis à jour dont il se servit. Son emploi lui avait plu quelque temps ; mais bientôt il l'avait abandonné par les désagréments qui étaient survenus. — Voici la méthode qu'il préférait lorsqu'il voulait exécuter un ciel compliqué. Il posait l'une sur l'autre, sur sa table de travail, sept à huit feuilles de papier non encollé trempées d'eau, au point qu'elles étaient entièrement détendues ; dans cet état elles ne pouvaient former ni plis ni sillons ; il ajoutait son papier à laver sur ce lit humide qui lui permettait d'employer le temps qui lui était nécessaire. Son ciel terminé, il le posait sécher autre part ; puis il le fixait sur un carton, afin de l'étendre et de s'occuper des autres parties. Le papier, ainsi disposé, conserve l'humidité des heures entières.

Remarque. Au lieu de poser son dessin et les feuilles de papier mouillé sur la table, on peut les placer sur un carton fort et un peu plus grand, et fixer le tout ensemble au moyen de clous nommés punaises, ce qui permettrait d'incliner au besoin dans tous les sens.

Quatrième planche.

—

Analyse de la manière de procéder dans la confection d'un dessin à l'aquarelle.

Lorsque l'on commence l'étude de l'aquarelle, on doit savoir au moins arrêter le trait d'un dessin; car il faut pouvoir déterminer convenablement un espace avant de le remplir, de le travailler. Mais comme les anciennes méthodes de dessin qu'enseigne encore aujourd'hui la majeure partie des professeurs de dessin, ne sont basées sur aucune théorie stable, sur aucun principe découlant de la science, qu'elles laissent toujours de l'incertitude dans l'esprit des élèves, je vais récapituler les diverses phases par lesquelles doit passer tout dessin pour arriver à l'épure de ses formes de contours et de détails intérieurs.

Du dessin.

Savoir dessiner consiste à *saisir à la vue la forme et l'étendue de tous les objets qui s'offrent devant nous, et d'en reproduire une image fidèle*; mais pour arriver à ce résultat, il faut s'être familiarisé avec le dessin *morpho-*

graphique, c'est à dire linéaire et perspectif. J'ai composé et publié à cet effet un ouvrage intitulé : *Cours complet de dessin linéaire et perspectif*, dans lequel j'ai démontré les variations de l'apparence de forme de tous les corps, suivant leur position par rapport à l'œil du spectateur, et la manière de déterminer la juste limite et la valeur des ombres et des reflets de ces mêmes corps. Je renvoie à cet ouvrage les personnes qui veulent apprendre à dessiner en peu de temps, et celles qui veulent se perfectionner.

De l'ensemble.

C'est la première disposition à faire, lorsqu'on veut copier une figure quelconque. *Pour faire l'ensemble d'après un modèle tracé sur du papier*, il faut placer le modèle devant soi, dans une position verticale, afin d'apercevoir cette figure de sa grandeur réelle, ce qui ne pourrait avoir lieu si le modèle était incliné. Il ne faut pas en être trop près, parce qu'on ne pourrait pas le voir entièrement d'une seule œillade, et sans déranger la tête. La distance convenable est de deux fois et demie à trois fois la plus grande dimension du modèle.

Le papier sur lequel on trace doit être placé juste en face du modèle, afin de pouvoir comparer continuellement la copie avec l'original.

Il en sera de même pour *l'ensemble d'après nature*. Si l'on veut représenter un seul objet, la distance de deux fois et demie la hauteur ou la largeur, suivant que l'une ou l'autre de ces dimensions dominera, suffira ; car, en se plaçant à une plus grande distance, on n'en verrait pas aussi bien les détails ; et en s'en rapprochant davantage, on n'en saisirait pas convenablement l'ensemble, parce qu'il ne serait plus possible de comparer le rapport des dimensions des parties entre elles.

Si, au lieu de l'ensemble d'un seul objet, on avait à tracer celui d'une grande étendue, comme la vue d'une ville, d'un paysage, d'un intérieur, etc., etc., la distance ne pourrait être moindre de trois fois leur plus grande dimension ; si l'on ne pouvait pas avoir assez de reculé pour dessiner de cette distance, il vaudrait mieux ne retracer qu'une fraction de ces étendues ; car, voulant les représenter entièrement d'une distance trop rapprochée, on commettrait des erreurs très graves, qui sont autant de fautes d'orthographe. Cependant, connaissant parfaitement les principes de la perspective, on peut suppléer par eux au reculé de rigueur, et obtenir un résultat semblable à celui que l'on aurait obtenu en dessinant de la distance voulue. C'est surtout pour retracer d'après nature les intérieurs et les paysages dans lesquels il entre de l'architecture ou des objets réguliers, que la connaissance de la perspective est indispensable, car il est rare que l'on puisse se placer convenablement ; tantôt, c'est un mur qui se trouve derrière vous, et vous empêche de vous reculer davantage ; d'autres fois ce sont des objets qui se trouvent entre vous et l'étendue à représenter, et qui, par leur hauteur, vous forcent de vous élever, et de voir de trop haut, même étant placé convenablement comme distance ; car une vue, retracée d'une élévation trop considérable, perd ordinairement de son charme ; j'ai prévu et expliqué, dans un ouvrage que je viens de publier, tous les cas possibles, comme placement de distances, de points de fuite et opérations à faire pour dessiner d'après nature. Il a pour titre : *Traité de perspective pratique pour dessiner d'après nature.*

Ayant déterminé la distance, on commence son ensemble en traçant sur son papier des lignes vagues qu'on suppose entourer, presser la figure qu'on veut représenter ; mais avant de rien tracer, il faut se rendre compte du rapport des parties entre elles, c'est à dire si la largeur est le double ou la moitié de la hauteur, si telle partie est plus grande que telle autre et de combien elle l'excède, etc., etc.

De l'esquisse.

L'ensemble terminé doit être l'exacte proportion de toutes les parties de la figure ou de la vue à représenter, il doit donner aussi l'aspect des formes extérieures, sans en avoir cependant ni les détails, ni la pureté de contour. Ce premier tracé se fait avec le crayon de mine de plomb n° 2, et le plus vaporeusement possible ; ensuite on détermine l'apparence exacte des contours ou silhouette et la juste limite des masses, des détails et des ombres, les représentant comme formes aussi fidèlement que possible. C'est cette seconde préparation que l'on nomme *esquisser.*

L'esquisse, quoique tout à fait semblable au modèle, doit être légèrement tracée.

Toutes les lignes droites perspectives doivent être tracées avec la plus grande exactitude lorsque l'esquisse est terminée.

Du trait.

Lorsqu'on est satisfait de son esquisse, on repasse franchement du crayon de mine de plomb n° 3, sur tous les traits, afin de les épurer et de les fixer. Cependant, il faut attaquer plus délicatement les plans au fur et à mesure qu'ils s'éloignent, et craindre surtout de trop prononcer les contours des montagnes, ce qui les rendrait durs, et par conséquent les empêcherait de fuir. Il faut aussi observer que le trait doit être plus fin et plus léger dans les endroits clairs que dans ceux qui sont dans l'ombre, par la raison que l'on met peu de couleur sur les parties éclairées, et que l'on en met beaucoup plus sur celles qui sont dans l'ombre.

La partie du dessin au crayon étant satisfaisante, on passe à l'emploi des couleurs ou du dessin au pinceau.

Première et deuxième ébauches. — Étude de ciels et de teintes unies.

Lorsque l'on commence l'étude de l'aquarelle, il ne faut d'abord copier que des modèles formés de teintes tranchées, heurtées ; l'élève comprend mieux ces dessins que

ceux qui n'ont que des teintes légèrement différenciées,
l'harmonie et la finesse de ton s'acquièrent par l'expérience.
Ces modèles, par conséquent, ne doivent être que des ébauches, car, s'ils étaient trop terminés, ils ne laisseraient pas
deviner la superposition des teintes et la gradation du travail.

Ainsi, je ne donne que des dessins dont les nuances sont
simples et bien marquées, quelquefois durement tranchées,
afin de laisser voir leur teinte ; comme mélange de formation,
elles ne contiennent que deux ou trois couleurs différentes,
ce qui les rend plus faciles à imiter. Commençant par des
ébauches, j'arrive progressivement à des dessins aussi finis
que possible.

Les moyens de procéder sont toujours les mêmes. On
place les teintes claires les premières, et les foncées les
dernières, les superposant les unes sur les autres par gradation de vigueur ; le ciel est toujours la partie par laquelle
on doit commencer, car c'est lui qui, par sa couleur, détermine le ton général du dessin, ou *ton local*; effectivement, si le ciel est rouge, tous les objets et plans divers du
dessin réfléchiront plus ou moins cette couleur, suivant
leur éloignement de l'œil du spectateur ; le premier plan
est celui où cet effet sera le moins prononcé, comme étant
celui qui laisse apercevoir le plus sa couleur particulière,
éclairé cependant par le ciel comme les autres plans, il
sera légèrement glacé de rouge. Le second plan étant
plus éloigné perdra plus de sa couleur particulière qui
sera remplacée par le rouge plus prononcé, et ainsi de

suite pour tous les plans. Pour récapituler, je puis dire : *que plus un plan s'éloigne de l'œil, plus il perd de sa couleur particulière et plus il réfléchit la couleur de la partie du ciel qui lui est correspondante.* Ce que je viens d'expliquer pour la couleur rouge a lieu pour le jaune, le bleu, et toutes les couleurs sous lesquelles peut apparaître un ciel.

Le plus difficile en aquarelle est le mélange raisonné des couleurs, afin d'en obtenir des tons fins et précis, et d'exécuter une teinte de manière à passer d'une couleur à une autre couleur opposée sans que la nuance intermédiaire provenant de ces deux couleurs soit visible ou soit discordante.

Pour exécuter un ciel uni, de couleur azur clair à l'horizon et plus bleu à la partie la plus élevée.

Il faut délayer dans un godet la teinte azurée du ciel ; elle s'obtient par le mélange du bleu de Prusse, du bleu de cobalt et de laque carminée ; si cette teinte était faite entièrement de cobalt elle ne s'étendrait pas aussi bien sur le papier que lorsqu'on y ajoute moitié de bleu de Prusse ; il résulte de cette combinaison que le bleu de Prusse entre dans l'épiderme du papier et l'abreuve, tandis que le cobalt reste au dessus et brille d'un plus vif éclat que s'il était seul ; la laque carminée entre en très petite quantité dans cette teinte, sa présence a pour utilité de rompre la crudité du bleu, et de lui donner plus de finesse.

Remarque. Le cobalt entrant seul dans une teinte azurée a l'inconvénient de s'étendre difficilement, et de se former en grumeau sur toute la surface qu'il recouvre.

La teinte du ciel étant faite, placer son papier le ciel en bas ; mouiller entièrement avec de l'eau propre la surface du ciel avant d'y étendre les couleurs, placer la teinte d'azur, la poser sur les montagnes jusqu'à leur partie inférieure, relever son dessin verticalement toujours le ciel en bas, et frapper plusieurs petits coups avec sur la table, afin de fondre et unir, et foncer imperceptiblement, etc.

Pour ébaucher les murs des fabriques et leurs toits, puis les montagnes et terrains.

La couleur des murs éclairés est de l'ocre jaune pure affaiblie par l'eau, celle de la partie qui est dans l'ombre est de l'ocre jaune mélangée de cobalt et de teinte neutre ; la teinte du toit est formée du rouge indien et de vermillon. La première teinte des montagnes est de la teinte neutre, dans laquelle on ajoute de la couleur de l'azur du ciel ; la couleur du terrain est de l'ocre jaune et du rouge indien.

Principes. Comme les montagnes doivent avoir de la solidité, je les ai faites avec la teinte neutre, qui est une couleur non transparente et en même temps fuyante. Le bleu d'azur mêlé à la teinte neutre donne de l'air, et par conséquent éloigne les montagnes.

Pour conduire l'ébauche à l'effet que doit produire le dessin.

Placer une teinte sur les montagnes qui se rapprochent de nous, cette teinte est formée des mêmes couleurs, mais en plus foncées que la première placée ; la partie jaunâtre des lointains est de la gomme gutte pure ; il faut avoir soin de placer cette teinte pendant que la seconde des montagnes est encore mouillée, afin qu'elles se fondent ensemble. La verdure du premier plan est formée de jaune indien et indigo. Les petites places blanches réservées dans la verdure et dans la teinte du toit ne doivent pas être copiées servilement, elles doivent paraître comme oubliées ; leurs imitations libres mais spirituelles donnent du piquant à ces parties ; du reste, celles de la verdure sont destinées à faire des pierres ; quant à la masse d'arbres qui se trouve près de la fabrique, elle est colorée par le jaune indien, l'indigo et la terre de Sienne brûlée : cette dernière couleur lui donne de la chaleur ; ajouter de la teinte neutre pour les parties de ses arbres qui se trouvent dans l'ombre.

Pour terminer et finir.

Cette partie est la plus délicate, elle demande beaucoup de soin et de raisonnement, afin de ne prononcer les détails que juste comme il faut qu'ils soient, suivant la place qu'ils occupent et la dureté ou la mollesse de l'objet qu'ils concourent à représenter. Exemple : les détails s'affaiblissent en s'éloignant ; donc deux objets de même valeur étant placés à des plans différents, auront leurs détails différemment prononcés ; on les verra bien moins accentués sur celui qui est le plus éloigné. Les détails des pierres et des rochers doivent être prononcés tout à fait différemment que ceux des eaux, etc., etc. ; il faut donc les imiter le plus fidèlement possible.

Les détails du toit s'exécutent avec une teinte composée de seppia et laque carminée ; les ombres des pierres avec la teinte neutre.

Pour faire disparaître les petites taches ou grumeaux qui se forment quelquefois sur un ciel pendant son exécution.

Il peut arriver que la teinte que l'on vient de déposer sur un ciel offre, étant sèche, de petites taches ou grumeaux plus foncés qu'elle, il est urgent de faire disparaître ces corps qui sont étrangers à la teinte et qui lui font perdre sa pureté. Leur présence peut provenir de parcelles de poussières tombées sur la teinte pendant qu'elle était encore tout empreinte de liquidité, ou ce qui est plus pernicieux, de parcelles de couleur qui n'ont pas été dissoutes lorsque l'on a apprêté la teinte. Dans le premier cas, rien de plus facile que de les faire disparaître ; il suffit de passer sur la surface du ciel, en frottant très légèrement, une pincée de coton, un morceau de soie, un mouchoir fin, ou de la peau de gant très douce. Dans le second cas, ces grumeaux résistent ordinairement au frottement, et il serait imprudent de vouloir les enlever par ce moyen, vu que l'on pourrait érailler la teinte par les efforts que l'on serait obligé de faire, sans peut-être réussir à les faire disparaître; il est plus convenable de passer de l'eau en grande abondance sur le ciel, de manière qu'elle ne fasse que couler dessus; le dessin étant placé dans une position presque verticale. La grande humidité finit par les dissoudre et les détache, et l'eau que l'on passe de nouveau dessus les entraîne hors du dessin. Il n'est pas rare d'employer quelquefois à cet usage trois à quatre verres d'eau.

Il est bien entendu que l'on mouille toute la surface avariée, en vidant dessus l'eau avec un verre et non en l'étendant avec un pinceau ou une éponge; si après avoir mouillé plusieurs fois, les grumeaux de couleur n'étaient pas encore dissous, c'est qu'ils ne seraient pas assez détrempés, on remouillerait de nouveau jusqu'à disparition complète.

Cinquième planche.

—

Etude de troncs et feuillages.

On ébauche ce tronc de chêne avec une teinte formée de

jaune indien et laque carminée, et tandis qu'elle est humide on y joint des nuances de pierre de fiel et de terre de Sienne brûlée, on ajoute de la teinte neutre sur la partie qui est dans l'ombre, mais en approchant et sous le feuillage des premières branches, on met dans la teinte, de l'indigo et de la seppia, ce qui donne un vert foncé qui s'harmonise avec la couleur du feuillage.

Remarque. La couleur de l'ombre portée par une branche de verdure, sur son tronc, doit participer de la couleur du feuillage; cet effet est d'autant plus prononcé que l'arbre est plus blanc d'écorce. Ainsi les bouleaux, les hêtres, les blancs de Hollande, et les charmes ont, sur le tronc, sous le feuillage, l'ombre toute verte.

Les détails des gerçures de l'écorce sont plus prononcés, comme forme et vigueur, vers le milieu du tronc que sur ses extrémités; plus ils se rapprochent du contour, plus ils doivent disparaître et s'évanouir avec le trait extérieur. Effectivement un tronc de chêne, de chataignier, d'orme, etc., tronc sillonné de gerçures, doit suivre la même loi de perspective qu'un fût de colonne cannelée; car, quoique ces gerçures n'aient pas la même régularité que les cannelures d'une colonne; cependant on peut les y comparer, et elles doivent apparaître à l'œil en subissant la même dégradation perspective. Examinons les cannelures d'une colonne, nous apercevons dans leur largeur réelle celles qui se trouvent placées vers le milieu de la colonne, ou, ce qui revient au même, les plus près de nous, puis toutes les autres diminuent graduellement de largeur en se rapprochant du bord de la colonne, et elles finissent par paraître tellement rapprochées qu'elles deviennent imperceptibles, et se fondent avec le contour.

Le ton des feuilles du chêne de cette planche est formé de jaune indien, gomme gutte et indigo, pour la partie claire; on ajoute à cette teinte, pour la partie dans l'ombre, de la seppia, et sur le bord vers la silhouette, de la teinte neutre.

De la représentation des arbres.

Soit pour copier le modèle, soit pour dessiner d'après nature, on opère absolument de la même manière, et comme je l'ai expliqué page 57 et suivante. L'ensemble, l'esquisse, et le trait terminés, on place sur toute la verdure un ton local que l'on différencie de nuances, selon les nuances qu'offre le modèle; on laisse sécher, puis l'on place les teintes et demi-teintes sur toute la partie qui est dans l'ombre. Les nuances doivent être plus froides vers la silhouette, et plus chaudes en s'approchant de la partie éclairée; elles doivent aussi être disposées de manière à faire tourner la masse de l'arbre. On s'occupe alors de séparer les masses de feuillage, puis d'y placer leurs détails. Quand on est parvenu à donner l'effet voulu, produit des masses et leurs détails, on termine par les grandes vigueurs qui servent à donner de l'enfoncement à l'arbre; ces vigueurs se trouvent toujours placées depuis le bas jusqu'au haut du feuillage, à peu près dans une verticale située vers le milieu de l'arbre, là, où sa profondeur est la plus considérable pour nous, et peut être appréciée entre ses branches par leur disposition ; tandis que vers la silhouette elles apparaissent l'une devant l'autre et nous en dérobent l'épaisseur, qui, du reste, est beaucoup moindre que vers le milieu de l'arbre. Je conclus que les grandes vigueurs se trouvent vers le milieu de l'arbre, que plus elles approchent de la silhouette, plus elles s'affaiblissent, et enfin deviennent nulles à l'extrémité.

Lorsqu'un arbre est éclairé du soleil, la partie qui est dans l'ombre doit laisser apparaître le moins de détails possible, par opposition à la partie éclairée. Les grandes vigueurs doivent être d'un ton très chaud, de même que la couleur de l'ombre sur le tronc et les branches, attendu que ses ombres reflètent les rayons du soleil qui leur sont envoyés par toutes les feuilles éclairées. Le côté de l'arbre opposé à celui qui est éclairé doit être d'un ton froid, et doit réfléchir la couleur du ciel ; cela est plus ou moins prononcé selon que les feuilles, d'après l'espèce de l'arbre, sont plus ou moins lisses, et qu'elles sont d'un ton qui se rapproche de la couleur blanche. Ainsi, les feuilles du saule reflètent mieux que celles du chêne la couleur du ciel et des objets éclairés qui les environnent.

De la physionomie des arbres selon les différentes espèces.

Après avoir expliqué la manière générale de dessiner et de peindre un arbre, je vais m'occuper de notions générales sur les espèces, et, à cet effet, entrer dans quelques détails. J'établis d'abord qu'il faut rendre, autant que possible, l'aspect différent que présente chaque espèce; un chêne en offre un tout différent qu'un hêtre, qu'un orme, qu'un saule, etc. Cet aspect s'obtient premièrement par la justesse de la forme de la silhouette; car le soir, entre le crépuscule et la nuit obscure, lorsque passant près d'un bois on aperçoit un arbre, de suite on reconnaît à quelle espèce il appartient; cependant à cette heure il ne présente qu'une masse vigoureuse sans aucun détail, et pour être vu il faut qu'il se détache sur le ciel; ce n'est donc qu'à la forme de son contour, ou ce qui est la même chose, à l'aspect de la silhouette, que nous le reconnaissons. Secondement, il faut s'attacher à représenter exactement la direction des branches; car plusieurs espèces d'arbres portent leurs branches horizontalement, tel est le chêne; tandis que d'autres espèces, comme le hêtre, le charme, l'orme, le platane, le peuplier, le saule, etc., ont la plus grande partie de leurs branches dirigées de bas en haut, en s'écartant plus ou moins du tronc. Troisièmement, il faut aussi étudier avec soin la forme particulière de ces branches : elles sont différentes suivant les espèces d'arbres; les unes ont les branches droites ; d'autres les ont toutes tortillées ; les branches du chêne, par exemple, sont toutes contournées en zigzag. Je recommande aussi d'observer avec soin la forme de l'attache de la branche au tronc de l'arbre : c'est encore là un caractère important à reproduire ; il faut même étudier les mousses et lichens qui sont particuliers à chaque arbre.

Ainsi je conclus qu'en représentant juste la forme extérieure d'un arbre, c'est à dire la silhouette, plaçant exactement le tronc et les branches comme direction et forme, puis une teinte sur le tout, on doit très bien avoir rendu l'espèce de l'arbre ; si de là on passe au détail des masses de feuilles, on complètera la portraiture de cet arbre.

La forme des masses des feuilles est presque généralement la même que celle particulière des feuilles, c'est à dire que les feuilles rondes produisent des masses rondes, les feuilles longues des masses longues, les feuilles simples dans leur forme des masses simples, les feuilles dentelées des masses dentelées et aiguës ; et c'est cette diversité de forme dans les feuilles qui fait que souvent deux arbres de différentes espèces, quoique avec le même genre de branchage, ont un aspect tout à fait différent.

Des principes que je viens d'énoncer il ne faut pas conclure que les détails de chaque espèce d'arbre soient parfaitement les mêmes dans tous les individus qui en font partie ; considérer la nature de cette manière serait lui ôter son pittoresque, son charme : la nature est féconde en accidents de toute sorte, mais ces détails se rattachent toujours à l'aspect général de l'espèce.

Je ferai aussi observer que c'est seulement des branches principales des arbres que j'ai voulu parler dans cet article, car, outre de ces grosses branches, il y en a une foule d'autres petites qui leur sont adhérentes et qui s'élancent dans toutes les directions. Malgré la diversité de leur disposition, ces petites branches adoptent encore des directions particulières, suivant la hauteur qu'elles occupent dans l'arbre : ainsi dans presque toutes les espèces d'arbres les petites branches placées à la partie supérieure du tronc, c'est à dire les branches les plus basses ou les branches inférieures, ont une tendance à retomber, à se diriger de haut en bas ; les petites branches situées vers le milieu de la hauteur de l'arbre sont le plus souvent dans une direction horizontale, et celles du sommet de l'arbre tendent à s'élever, à se rapprocher de la ligne verticale, direction des branches centrales du sommet de l'arbre.

Ce sont les petites branches qui donnent de la grace et de la légèreté aux masses de feuilles, et ce sont les grosses branches ou branches principales qui donnent de la vigueur et de la solidité à l'arbre.

Une observation très importante à faire en dessinant les branches, c'est qu'il faut les faire retrouver exactement dans leur continuité, lorsqu'elles sont interrompues par des masses de feuilles qui les masquent ; il faut de plus que ces branches aillent toujours en diminuant de grosseur, à partir du tronc jusqu'à l'extrémité la plus éloignée.

Mon but n'étant pas de faire, dans un traité d'aquarelle, un cours complet de paysage, je renvoie à mon *Traité de paysage pour dessiner d'après nature*, les personnes qui veuillent cultiver ce genre avec succès ; elles y trouveront développé suffisamment ce qui constitue le dessin du paysage d'après nature ; mais si elles voulaient approfondir l'étude du paysage en général, je leur recommande mon *Cours complet de paysage*, car je pense avoir conçu et exécuté cet ouvrage de façon qu'il soit aussi complet que possible, c'est à dire qu'il renferme ce que l'on doit connaître de la théorie et de la pratique de ce genre. Cependant, pour terminer convenablement cette leçon, j'extrais de cette publication des fragments des articles qui traitent du Chêne, du Hêtre, du Sapin et du Bouleau.

Le Chêne.

Le chêne domine en roi parmi les arbres de l'Europe : c'est le plus grand, le plus beau, le plus utile et le plus robuste des habitants de nos forêts, c'est son image qui s'offre d'abord à la poésie quand elle veut peindre la force qui résiste, comme l'image du lion se présente pour exprimer la force qui agit ; le nom latin *robur* indique cette vigueur qui caractérise le chêne ; c'est par cette qualité plutôt que par sa grosseur que le chêne l'emporte sur tous les arbres indigènes et sur un grand nombre de ceux des autres climats, car il y a plusieurs espèces qui s'élèvent plus haut que lui, et d'autres espèces dont le tronc acquiert une dimension bien plus considérable.

Le tronc du chêne est couvert d'une écorce épaisse, raboteuse, rude et crevassée dans la vieillesse, et presque lisse aux jeunes sujets ; la couleur générale est d'un gris un peu vineux, nuancé par place de tons laqueux. L'écorce est recouverte par parties, principalement à la base du tronc et sur le côté opposé à l'intérieur du bois, ou côté qui a le plus d'air, d'un lichen blanc qui semble avoir été jeté dessus comme pour le saupoudrer. Ce lichen lui donne souvent un ton blanchâtre qui est interrompu par des écorchures de couleur de terre de Sienne brûlée, et par une mousse vert foncé ; cette mousse se trouve sur la base du tronc, sur presque tous les nœuds, les protubérances, et principalement sur les branches, qu'elle fait paraître noirâtres en dessus.

Les branches du chêne s'articulent après le tronc presque à angle droit, du moins la majeure partie ; par conséquent elles se dirigent horizontalement : elles sont bizarres dans leur forme, irrégulières ; tortillées en zigzag, et il est rare d'en rencontrer sur le même arbre qui se ressemblent, tant elles sont variées. Ces branches sont fortement articulées ; elles présentent en général un aspect de grandeur.

Les feuilles sont d'un beau vert, glabrées des deux côtés, plus larges à leurs extrémités, découpées dans leurs bords par des sinuosités arrondies, attachées à des pédicules assez courts; ces feuilles forment des masses prononcées. Lorsque le soleil les éclaire elles sont brillantes, surtout si elles ont un repoussoir vigoureux. En examinant ces masses, on distingue la couleur de l'astre du jour réfléchie par une grande quantité de feuilles, tandis que d'autres par leur position réfléchissent l'azur des cieux ; celles qui se trouvent entre le soleil et le spectateur sont du plus beau vert. L'ensemble de ces diverses nuances rend quelquefois ces masses éblouissantes ; il est à remarquer que celles qui sont les plus brillantes sont toujours les plus près du sol. Dans l'ombre, les masses de feuilles sont d'un ton vert foncé, mêlé d'azur, ou, pour mieux dire, reflétant le ton du ciel.

Les petites branches étant lisses et dépourvues de mousse et de gerçures, empruntent la couleur du soleil, lorsqu'elles sont frappées de ses rayons.

Plusieurs espèces de chênes conservent leurs feuilles jusqu'au printemps, tout l'hiver elles sont d'un beau rouge, variant de nuance depuis le vermillon jusqu'au brun rouge. Le chêne ne dédaigne presque aucun terrain ; cependant la nature du sol et son exposition lui donnent un aspect différent ; dans les terrains bas et humides, il a le tronc plus droit, il vient plus grand ; dans les terrains secs, les montagnes, il vient moins haut, étale plus ses branches et a le tronc plus noueux, etc., etc.

Le Hêtre.

Le hêtre, en latin *fagus*, qui, selon Virgile et Pline, provient du mot grec *phagó*, je mange, fut probablement ainsi nommé par les anciens pour faire entendre qu'on peut manger ses fruits.

Cet arbre est très commun dans les forêts ; il est de première grandeur et produit un très bel effet par la majesté et la régularité de son port. Son tronc est droit, assez épais, revêtu d'une écorce lisse de couleur ordinairement grisâtre ; mais ce ton est tellement varié suivant l'endroit qu'habite l'arbre, qu'il y en a de très clairs dans ceux qui se trouvent placés à la lisière des bois et dans les clairières, et de très foncés, presque noirs, tant la couleur est vigoureuse dans ceux de l'intérieur des forêts ; cette écorce grise est tachée d'un lichen blanc qui la recouvre par partie ; par opposition, ce lichen paraît plus blanc sur les troncs vigoureux que sur les gris-clairs. Il est aussi bien moins considérable sur les troncs foncés, sur lesquels on ne le trouve que par-ci par-là, et par taches rondes et ovales, tandis que ceux de la lisière des forêts en sont tellement couverts qu'ils en deviennent presque blancs. Il est aussi à observer que ce lichen blanc se verdit en approchant de la base du tronc. Le hêtre a aussi son écorce recouverte par parties d'une mousse verte foncée, presque noire, glacée en dessus d'un beau vert brillant. La base du tronc se termine par des côtes-racines qui interrompent sa grosseur et lui donnent un air de solidité.

Ces racines s'étendent souvent au loin sur la terre , y rentrant et ressortant plusieurs fois. Quelquefois le lierre monte après son écorce, s'y adapte, et forme des effets très piquants.

Les branches du hêtre sont obliques, se dirigeant de bas en haut, et formant avec le tronc de l'arbre un angle à peu près demi-droit. Elles sont articulées fortement par une attache volumineuse, qui rend souvent la tige principale plus grosse à l'attache d'une branche que plus bas ; ces branches étant longues et fort minces, leur poids les fait plier et retomber plus ou moins suivant la hauteur à laquelle elles se trouvent placées ; celles qui sont le plus bas ou le plus près de la terre retombent le plus, mais toutes se relèvent vers leur extrémité , qui se termine par des rameaux d'une grande finesse, ce qui donne à la silhouette de cet arbre une grande légèreté.

La couleur des branches est en général la même que celle du tronc, mais elle varie de teinte suivant l'heure du jour et la manière dont elles sont éclairées par le soleil ou qu'elles se trouvent dans l'ombre ; éclairées fortement par un jour vif, elles apparaissent de leur couleur naturelle ; si les rayons du soleil viennent à les frapper, elles en empruntent la couleur , ce qui les rend dorées à midi , et rougeâtres vers le moment du coucher de cet astre ; dans l'ombre, leur position les fait paraître de tons tout différents. Celle placée vers les extrémités et reflétant le ciel sont bleuâtres ; dans l'intérieur de l'arbre, elles sont verdâtres par reflet du feuillage : cette couleur est d'autant plus prononcée, qu'elles se trouvent plus assombries par de grandes masses.

Les feuilles du hêtre sont un peu fermes, ovales, arrondies, longues de 2 pouces au plus, un peu pointues, traversées de nervures obliques parallèles, et portées sur des pétioles courts ; ces feuilles sont d'un vert luisant.

Le hêtre s'élève jusqu'à quatre-vingts pieds ; il vit environ cent ans ; il vient dans tous les terrains, excepté dans ceux qui sont marécageux ; il prospère dans les sols crétacés ou pierreux bien mieux que tout autre arbre.

Il habite dans les forêts de l'Europe et de l'Amérique septentrionale, et se plaît de préférence sur le penchant des montagnes : celle de la Suisse en sont couvertes ; on l'y trouve à la même hauteur que les sapins ; ceux-ci occupent les parties tournées vers le nord, et les hêtres les pentes méridionales, etc., etc.

Le Sapin.

Les sapins sont des arbres résineux à feuillage toujours vert ; ils sont très grands et terminés pyramidalement. Leur tronc est droit et uni jusqu'à leur sommet, et les branches s'articulent après à angle droit ; par conséquent elles devraient s'avancer dans une direction horizontale ; mais comme ces branches sont souvent très chargées de feuilles, elles plient sous leur propre poids et retombent vers la terre ; à leurs extrémités les jeunes pousses cherchent toujours à s'élever : il en résulte que les branches se contournent et présentent dans leur forme un aspect très varié, ces branches ainsi que le tronc sont revêtus d'une écorce blanchâtre, sèche et friable. Les feuilles sont longuettes, planes, émoussées, échancrées par le bout, assez souples et rangées des deux côtés d'un filet ligneux ainsi que les dents d'un peigne.

Les jeunes sapins ont souvent leurs branches inférieures tombantes et traînant sur le terrain, mais, à mesure qu'ils gagnent en hauteur, ces branches se dessèchent et meurent, et il n'est pas rare de rencontrer des sapins fort hauts dont les branches les plus proches du sol en sont éloignées de cinquante et même de soixante pieds.

Ce bel arbre, qui par son feuillage et son port contraste avec tous les autres arbres, habite de préférence les lieux élevés, les hautes montagnes; c'est là, dans les endroits les plus arides, qu'il aime à croître; il brave les vents, les neiges et les frimas, et sert à protéger les lieux voisins contre les tempêtes; il insinue ses racines dans les fissures de rochers, et sait y trouver un appui et la subsistance; cependant, quoiqu'il paraisse se plaire davantage dans les régions élevées, même au dessus des pins et des mélèzes, et qu'il pousse communément à neuf cents toises au dessus du niveau de la mer, on le trouve aussi dans les lieux bas, dans les plaines; et, soit par le soin des hommes, soit de lui-même, le sapin s'y est naturalisé de proche en proche, et il y forme de belles forêts.

Un sol léger, un climat froid et humide, lui conviennent;

il est très commun en Suisse, en Allemagne, dans les environs de Strasbourg, en Auvergne, en Normandie, dans les Alpes, etc. Dans l'Amérique septentrionale, il couvre des espaces immenses; il croît dans le Levant, etc., etc.

Le Bouleau.

Un aspect gracieux, une silhouette légère, font ordinairement partie de la physionomie du bouleau; cet arbre dans sa jeunesse a l'écorce unie, blanche et satinée : elle est au contraire fort raboteuse sur les vieux troncs, et elle s'enlève souvent par bandes blanches nacrées. Le tronc du bouleau se trouve marqué seulement vers le bas, de grandes gerçures noirâtres, très irrégulières, et de taches de la même couleur disposées en majeure partie horizontalement, qui l'accompagnent dans tout le reste de sa hauteur, et marquent la place de l'attache des branches existantes et de celles qui sont mortes et tombées. Les branches principales se dirigent de bas en haut en s'écartant plus ou moins du tronc, et elles en ont la couleur. Les jeunes rameaux sont grêles, flexibles, flottant au gré des vents, et la plus grande partie est inclinée ou pendante vers la terre; ces petites branches ont la couleur de la châtaigne. Les feuilles simples et alternes sont de moyenne grandeur, presque triangulaires et se terminant en pointe;

Leur couleur est d'un beau vert, ressemblant, en plus foncé, à la teinte des feuilles du saule ordinaire, et, de même, sont plus blanchâtres en dessous qu'en dessus, ce qui produit un effet piquant lorsque le vent les agite, etc., etc.

Étude d'intérieur.

Les intérieurs sont le genre qui offre le plus de facilité, lorsque l'on possède à fond les principes de la perspective pratique, et que l'on est initié aux premières règles de l'architecture. Un élève intelligent pourrait, après très peu de temps d'étude, tracer le tableau d'intérieur le plus compliqué de détails, tout aussi bien que le plus habile professeur, si l'exécution de la peinture, le choix des dispositions, la combinaison de l'effet, et l'harmonie générale de l'aspect, n'étaient toutes choses qui ne s'acquièrent que par une grande habitude, et l'expérience jointe à la science. Les artistes qui produisent les plus belles aquarelles dans ce genre, sont MM. Bouton et Renoux.

Si l'on a étudié avec soin ce qui précède, on ne devra éprouver aucune difficulté dans la confection de la copie de cette figure.

De la gomme arabique ajoutée aux couleurs, afin d'obtenir des touches très vigoureuses.

On peut obtenir des touches très vigoureuses en ajoutant de la gomme arabique, à la couleur formée du mélange de seppia, laque carminée et gomme gutte. La quantité de gomme à ajouter doit être un peu moindre que la quantité d'eau qui entre dans la teinte; en mettre plus empêcherait le pinceau de faire la pointe, et de produire un travail franc ; en mettre moins ne lui donnerait pas assez de consistance et surtout de luisant; mais ajoutée convenablement, elle conserve aux couleurs, étant séchée, le brillant et la vigueur qu'elles ont lorsqu'on les pose sur le dessin. Les touches luisantes rehaussent l'effet et donnent du piquant à un dessin, lorsqu'elles sont convenablement placées, avec sobriété, qu'il n'y a pas abus ; mais si elles sont multipliées, qu'il y en ait partout, elles détruisent l'harmonie et sont alors plus pernicieuses qu'elles ne sont utiles étant placées à propos.

Préparation de la gomme arabique.

Dans un godet, faire fondre au moyen d'un peu d'eau tiède, de la gomme arabique en poudre, ajouter à cette gomme à peu près la moitié de son volume de sucre candi concassé. Plus il y aura d'eau, plus cette dissolution sera liquide, et plus il faudra en ajouter aux couleurs, moins il y aura d'eau, plus elle sera épaisse et moins il faudra en employer. Quand on ne peut se procurer de la gomme en poudre, on l'emploie telle qu'elle est, la choisissant la plus blanche possible ; dans ce cas elle est souvent quelque temps avant de se dissoudre.

De la gomme arabique employée comme vernis afin de faire ressortir une partie d'un dessin.

Pour faire ressortir une partie d'un dessin, tel que de

cheveux, un vêtement ou un terrain très vigoureux, on passe dessus une couche de gomme arabique ; par ce moyen on multiplie la vigueur de la couleur.

MM. Gavarni et Watelet en savent tirer un grand parti ; je l'ai aussi pratiqué dans nombre de dessins, mais j'ai reconnu que la couche de gomme déposée sur le dessin doit être très légère ; placée épaisse, elle a l'inconvénient, après un certain laps de temps, de se gercer et écailler, ce qui détériore la place sur laquelle elle se trouve.

J'ai exécuté il y a quelques années le dessin de l'intérieur d'une cave qui offrait de belles masses d'ombres et surtout de grandes vigueurs ; pour approcher le plus possible de l'effet, j'employai pour faire ressortir les grandes vigueurs, des couches de gomme arabique. D'autres travaux plus pressés m'ayant empêché de terminer cette aquarelle, je la serrai avec soin et la laissai à peu près deux ans dans une armoire. Voulant la finir, je la trouvai avariée dans tous les endroits sur lesquels j'avais superposé plusieurs couches de gomme ; les places qui n'avaient reçu qu'une seule couche légère étaient restées intactes comme après l'exécution. J'ai fait depuis des expériences, et j'ai remarqué que plus on superpose des couches de gomme l'une sur l'autre, plus il y a chance que cette gomme se gerce et s'enlève. Voulant éviter à mes dessins tout ce qui pourrait les détruire ou même les altérer, j'ai abandonné cette ressource ; mais j'emploie la gomme arabique mélangée à la couleur, comme je l'ai dit tout à l'heure.

Lorsqu'un dessin est recouvert par place de gomme arabique, il ne faut pas le laisser exposé à l'air, car alors il a tout à craindre des mouches qui viennent s'abattre sur ces endroits et sucer jusqu'à la couleur, afin d'enlever le sucre candi ; il en résulte qu'elles forment quantité de petites taches blanches.

De l'emploi du blanc léger.

Souvent, j'ai entendu dire par divers artistes, que le blanc léger employé pour gouacher et raviver des parties de dessin aquarelle, offrait avec le temps de graves inconvénients ; j'ai recherché les causes de détérioration, et j'ai trouvé que lorsqu'il est mal fabriqué, ou qu'il est formé de matières viciées, il noircit et se détache du dessin, tombant par fractions ou en poussière, surtout s'il a été employé par couches épaisses superposées l'une sur l'autre ; mais lorsqu'il est de bonne qualité et bien gommé, il est très solide et peut être employé par glacis et par empâtement ; j'en ai placé sur diverses couleurs et ai formé trois échantillons semblables ; j'en ai exposé un à l'air au nord, un autre à l'ardeur du soleil, et le troisième, je l'ai placé dans un carton ; après cinq ans je n'ai trouvé aucune différence apparente entre les trois. Satisfait de mes recherches, je les ai communiquées à M. Watelet, qui a presque toujours fait entrer le blanc léger dans la confection de ses aquarelles. Ses observations étaient tout à fait semblables aux miennes. Il m'a montré un dessin daté de 1825, dont les parties les plus foncées, après avoir

été vernies par une légère couche de gomme, avaient été
glacées de blanc léger ; la partie claire des arbres en avait
été gouachée, puis recouverte de couleur transparente.
Dans quelques endroits, le blanc avait été déposé en empâtement et non recouvert par aucune couleur ; partout il était
resté intact et ne semblait pas avoir changé de nuance.
L'inspection de ce dessin faite, il m'en présenta un second
dont la date était plus ancienne ; ce second dessin ayant
été fait d'après un de ses tableaux, par un de ses élèves,
avait traîné sur une table, sur une planche, puis dans des
portefeuilles. Ayant eu un jour besoin de modèle à donner
à ses élèves, et étant pressé de terminer plusieurs tableaux,
il résolut de retoucher et finir ce dessin : le ciel était sali et
taché ; il passa dessus une teinte mélangée de blanc léger,
et le recouvrit entièrement. Les fonds qui étaient trop foncés furent éclaircis par ce moyen, et ainsi pour le reste du
dessin. Cette aquarelle est aujourd'hui telle qu'elle est sortie
du pinceau de M. Watelet il y a vingt ans ; du moins m'a-t-il
assuré n'y voir aucune différence.

Sixième planche.

—

Souvenir du Rigi (Suisse).

Cette planche est une application des principes et exemples que j'ai donnés dans cet ouvrage.

Des teintes et détails des lointains.

Si on repasse plusieurs fois, avec grand soin, des teintes limpides, ou simplement de l'eau propre sur le ciel et les lointains d'une aquarelle, on leur donne de la fraîcheur et en même temps de l'air. Effectivement, l'eau abondante qui séjourne sur une partie sèche, détrempe toujours plus ou moins la couleur sur laquelle elle se trouve, par conséquent elle adoucit les teintes et les détails, ce qui est favorable à l'indécision qu'offrent les contours des masses et détails des parties éloignées.

M. Calame entend très bien le vaporeux des lointains, il fond ses teintes par un travail exécuté dans l'humidité. M. Coignet attaque franchement les détails des montagnes et des objets éloignés, mais il exagère, dans ces parties, es tons bleus. M. Watelet entend admirablement bien cette partie importante et difficile. De tous les aquarellistes, M. Hubert est celui qui comprend le moins la perspective aérienne des lointains ; il leur donne des couleurs lourdes, fausses, sales, et sans air ; en un mot, il semble plutôt s'appliquer à les faire ressembler à de vieilles gravures anglaises, obtenues par impression, qu'à la représentation fidèle de la nature.

Conclusion.

—

Me voici arrivé à la dernière planche et à la fin des règles et principes qui constituent ce petit ouvrage ; je recommande aux personnes qui l'auront étudié, et qui voudraient être initiés aux ressources d'exécution que comporte chacun des divers genres que reproduit l'aquarelle, mon *Traité de peinture à l'aquarelle et de lavis*. Je pense n'y avoir rien omis de ce qu'il est utile de connaître des diverses méthodes en usage, et que les principes et conseils que j'y ai rassemblés doivent concourir à la propagation et surtout aux progrès de ce mode de peinture, mode qui étend de jour en jour les limites de son domaine.

THÉNOT.

Récapitulation des matières.

—

Du dessin.

Des teintes et de l'exécution en général.

Ayant amélioré l'étude de la perspective et perfectionné sa pratique, j'ai recherché pourquoi toutes les personnes qui veulent apprendre à dessiner, même lorsqu'elles sont douées de dispositions, éprouvent de grandes difficultés, et sont forcées de sacrifier beaucoup de temps avant de parvenir à être ce que l'on nomme un *bon dessinateur*, et encore ne savent-elles retracer qu'un seul genre, figure, paysage ou ornement, etc.

Cependant le dessin consiste à *savoir saisir à la vue, la forme et l'étendue de tous les objets qui s'offrent devant nous, et en reproduire une image fidèle.*

C'est que, de toutes les méthodes suivies jusqu'à ce jour, aucune n'apprend à raisonner la direction ou la forme apparente de ce que l'on retrace ; que le *dessin se démontre comme l'on apprend un air à un oiseau*, c'est à dire par l'habitude de répéter souvent et longtemps la même chose, et non d'après des principes basés sur des règles fixes ; que cependant, dans ces cas seulement, l'intelligence guidée par le savoir, peut faire de rapides progrès, et représenter avec certitude les diverses apparences sous lesquelles tous les corps nous apparaissent.

Convaincu de cette vérité, j'ai créé une méthode générale de dessin, qui doit servir d'introduction à tous les différents genres de dessin soit artistique soit industriel; car il démontre par des règles fixes, *les variations de l'apparence de la forme des lignes, des surfaces et des corps, suivant leur position par rapport à l'œil du dessinateur.* Quelques opérations extrêmement simples servent à vérifier l'exactitude du résultat. *La forme des ombres, la manière de trouver leur juste limite, la valeur approximative de leur intensité ainsi que celle de leur reflet,* forment le complément de cet ouvrage.

Le but que je me suis proposé sera atteint si j'ai réussi à rendre plus générale cette conviction, qu'il n'est pas plus difficile et qu'il est aussi indispensable d'apprendre à dessiner que d'apprendre à lire et à écrire; que l'un et l'autre de ces arts sont destinés à servir tous les jours aux besoins les plus fréquents de la vie. THÉNOT.

—

EN VENTE, OUVRAGES DU MÊME AUTEUR :

Cours complet de Dessin morphographique, c'est à dire **linéaire et perspectif,** démontrant les variations de l'apparence de la forme des corps, ainsi que leurs ombres et reflets, etc. Ouvrage à l'usage des collèges, écoles, des ouvriers et de toutes personnes qui veulent ou qui ont besoin de dessiner ce qui s'offre devant elles; et devant servir d'introduction à tous les différents genres de dessin, par Thénot. 24 planches avec texte explicatif. Prix 10 fr.

Morphographie, ou l'art de représenter fidèlement toutes les formes et apparences des corps solides, traité élémentaire destiné à toutes les personnes qui veulent connaître en peu de temps et d'une manière raisonnée, le dessin en général ; par Thénot. 12 planches in-8°, avec texte explicatif. Prix 3 fr.

Cours complet et progressif de Dessin industriel ; par Thénot. Chaque mois une livraison de 2 planches. Prix 60 cent.

Traité de perspective pratique, pour dessiner d'après nature, par Thénot. Ouvrage grand in-8°, forme de 24 planches avec texte explicatif. Prix 10 fr.

Principes de perspective pratique, à la portée de tout le monde, et devant être connus de toutes les personnes qui dessinent ; par Thénot. Il y a 16 planches avec texte explicatif. Prix 5 fr.

Les Règles de la perspective pratique, MISES A LA PORTÉE DE TOUT LE MONDE, et indispensables dans l'étude du dessin en général ; 8 planches avec texte. Prix 1 fr. 50 c.

Solides en plâtre, composés par Thénot, servant aux démonstrations du cours de dessin morphographique et du cours de perspective. Prix de la collection formée de 8 solides ; Paris 16 fr. ; la province et l'étranger 20 fr. Les frais de transport seront à la charge du preneur.

Cours complet de paysage ; par Thénot. Ouvrage

94

grand in-4°, 60 planches graduées, avec texte explicatif.
Prix 28 fr.

Traité de paysage pour dessiner d'après nature; par
Thénot. 52 planches avec texte explicatif. Prix 40 fr.

Traité de peinture à l'aquarelle et de Lavis;
par Thénot. Ouvrage in-8° de 24 planches de genres différents, avec texte explicatif. Prix 20 fr.

—

Pour paraître incessamment.

Traité de peinture à l'huile; par Thénot.
**Traité théorique et pratique de Dessin li-
néaire;** par Thénot.

Cours complet de lithographie, contenant la
description des moyens à employer et des accidents à éviter
pour dessiner sur pierre; par Thénot. Ouvrage grand in-4°.

Cours complet d'études de fleurs et de fruits;
par Thénot.

Cours complet de perspective linéaire, appli-
quée au dessin d'après nature, à la composition des tableaux,
à la disposition de la lumière, des ombres, du clair-obscur;
par Thénot. Cet ouvrage grand in-4° est formé d'exemples
pris dans la nature ou tirés des meilleurs tableaux anciens et
modernes des différentes écoles, et appliqués aux différents
genres, portrait, histoire, genre, paysage, marine, intérieurs,
fleurs, etc. Il contient ce qu'ont besoin de connaître les dessinateurs, peintres, architectes, sculpteurs.

Cours complet du Dessin de la figure humaine, expliqué par l'anatomie et la perspective; par Thénot.

Cours complet d'ornements, appliqué aux beaux-arts et à l'industrie; par Thénot.

Cours complet de perspective aérienne, et des effets divers produits par des causes accidentelles ou résultant des variations de l'atmosphère, suivant les saisons et les différents climats; par Thénot.

Traité de Géométrie, appliqué aux beaux-arts et à l'industrie; par Thénot.

FIN.

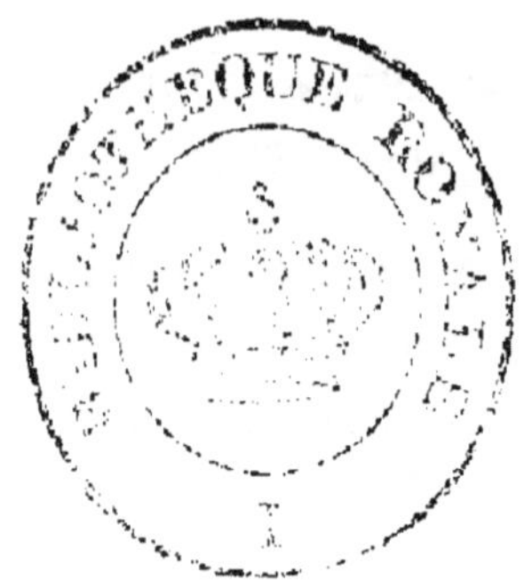

Pl. 4. Analyse de la manière de procéder, dans la composition d'un tableau de paysage.

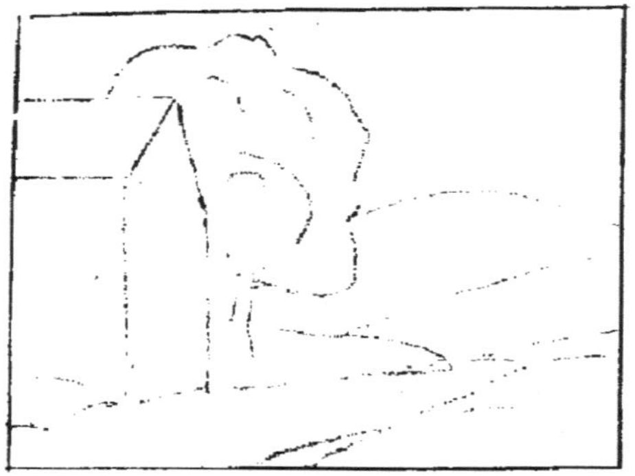

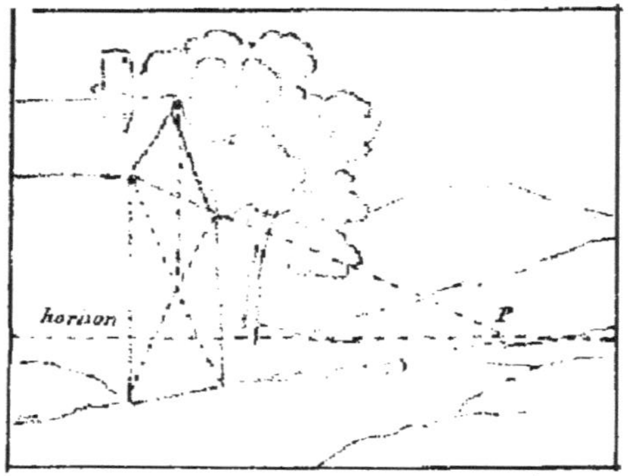

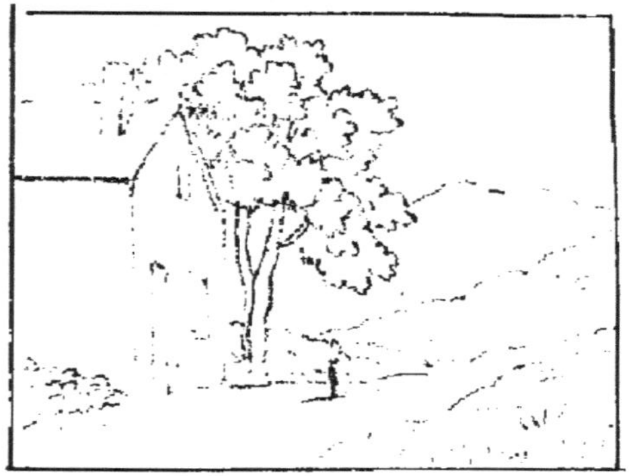

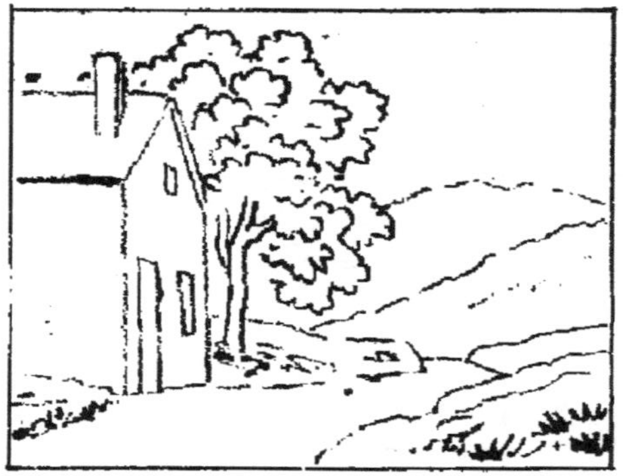

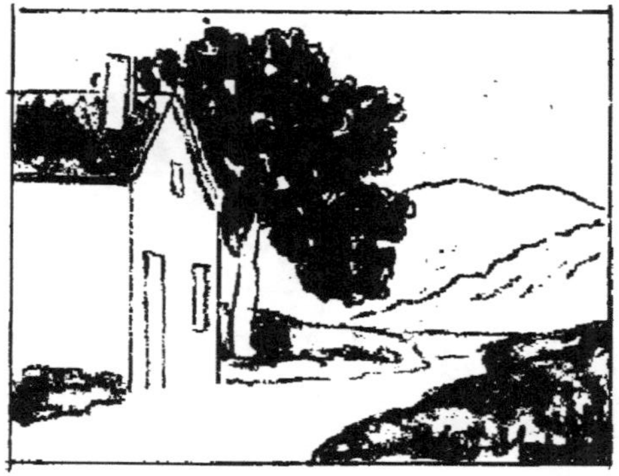

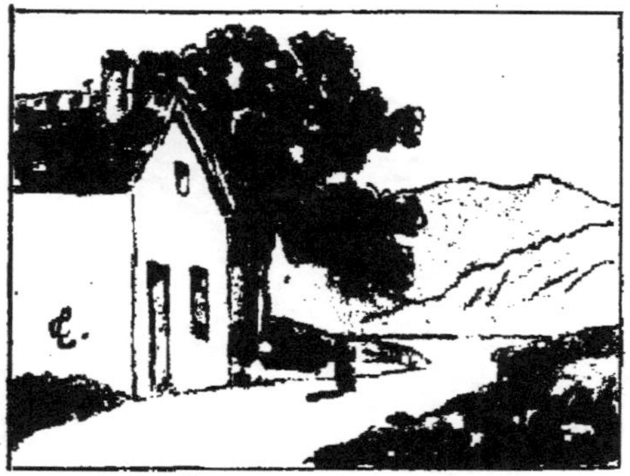

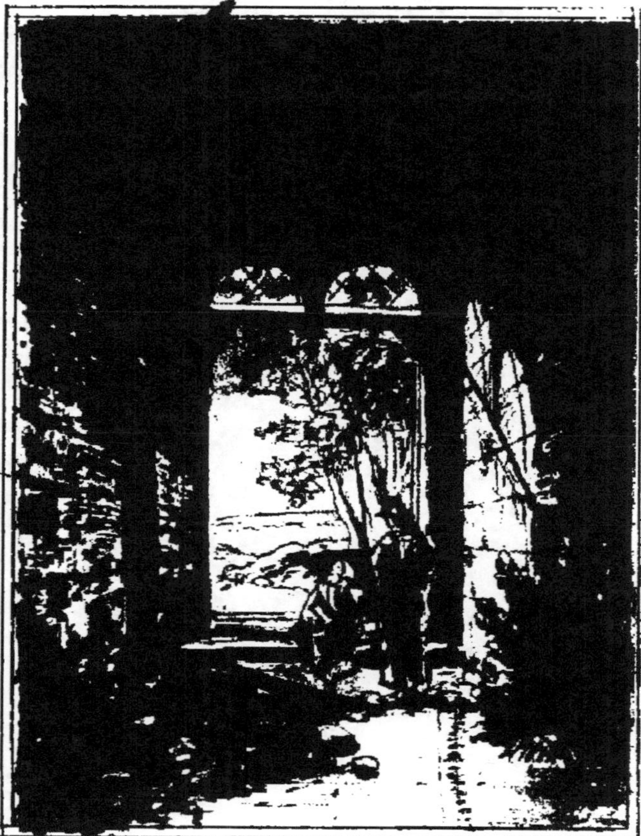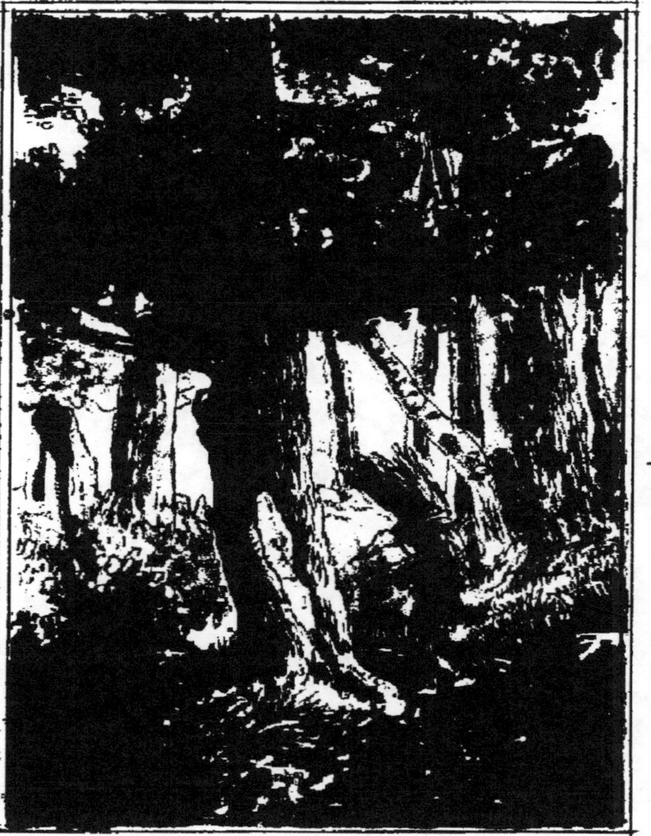

Etude de troncs et feuillage. Pl. 5. Etude d'intérieur

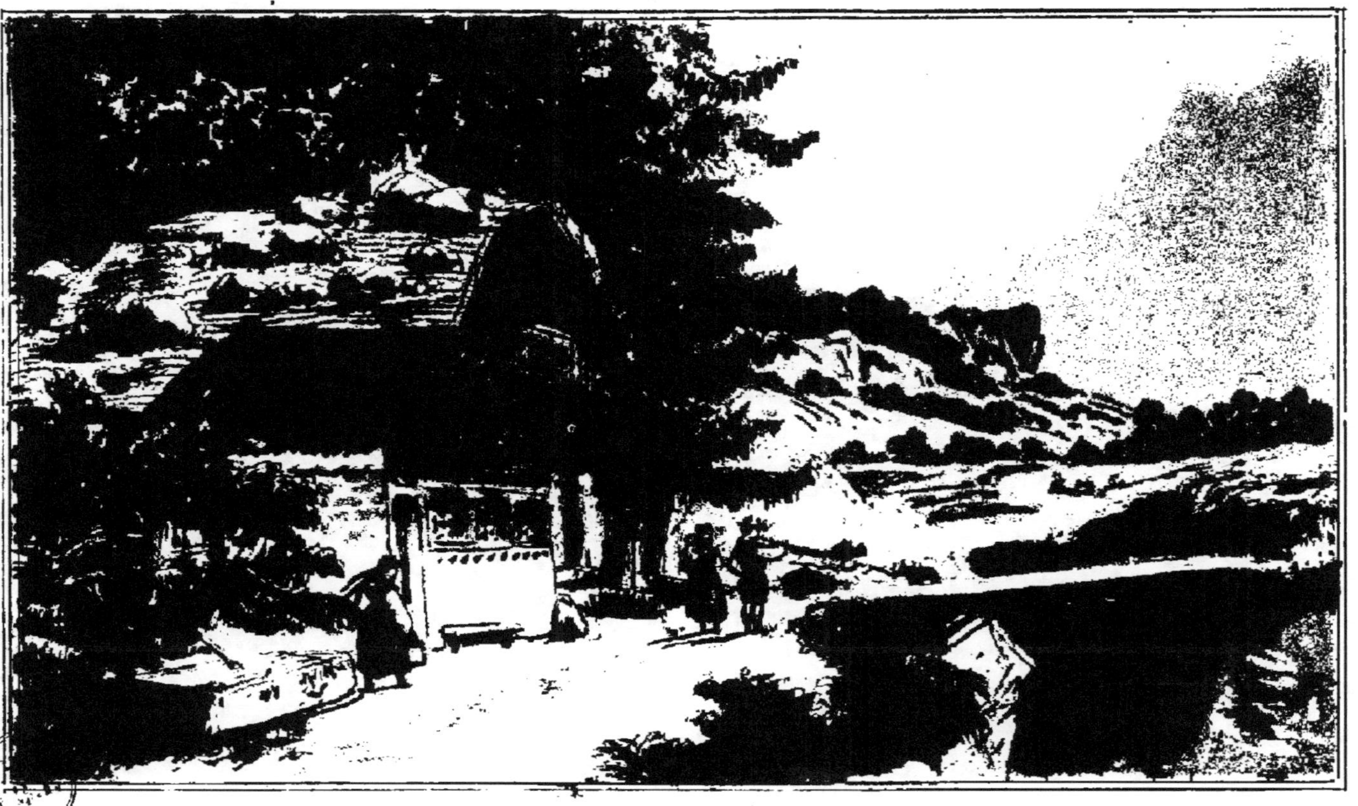

Pl.6. Souvenir du Rigi (Suisse)

Pl. 1. des Instrumens nécessaires au Lavis, et à la peinture à l'aquarelle.

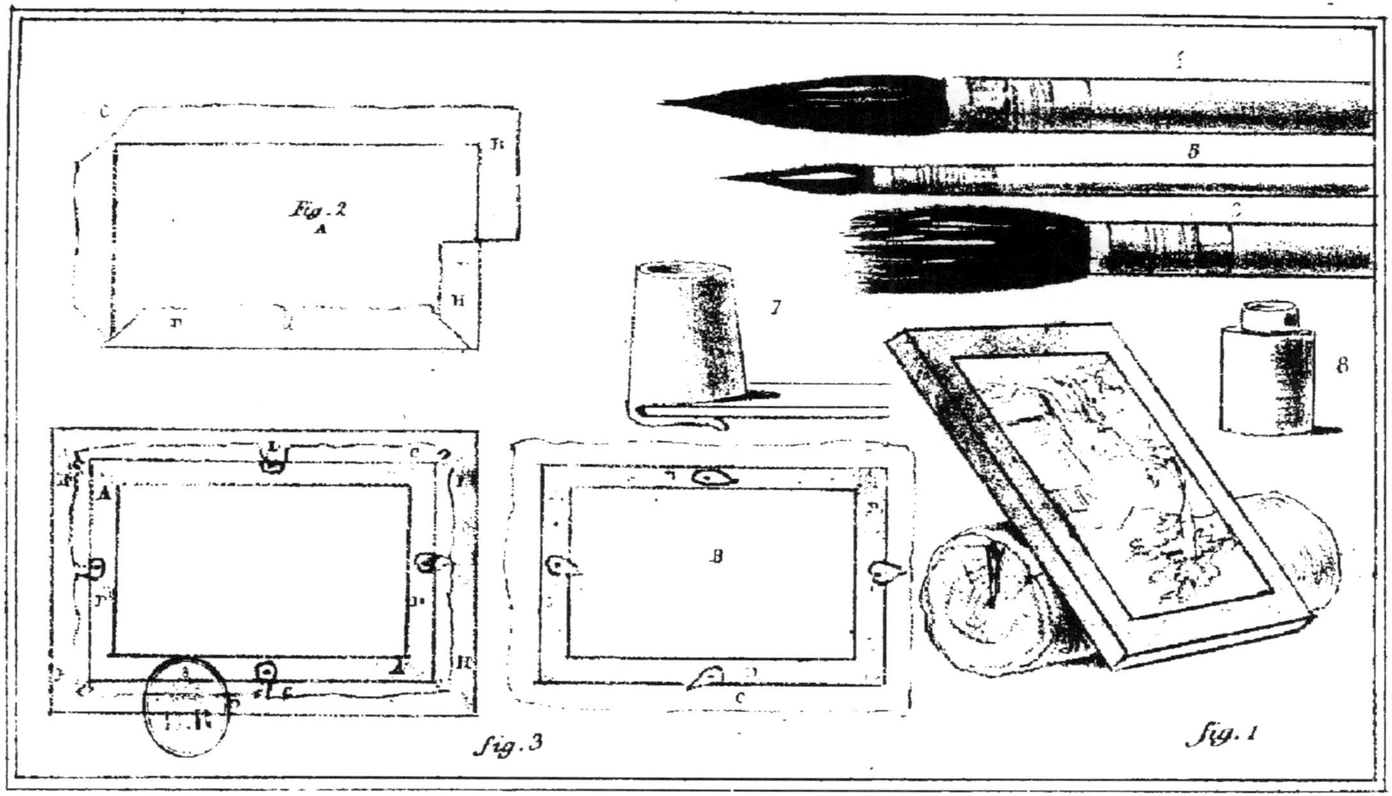

Fig. 2

Fig. 3

fig. 1

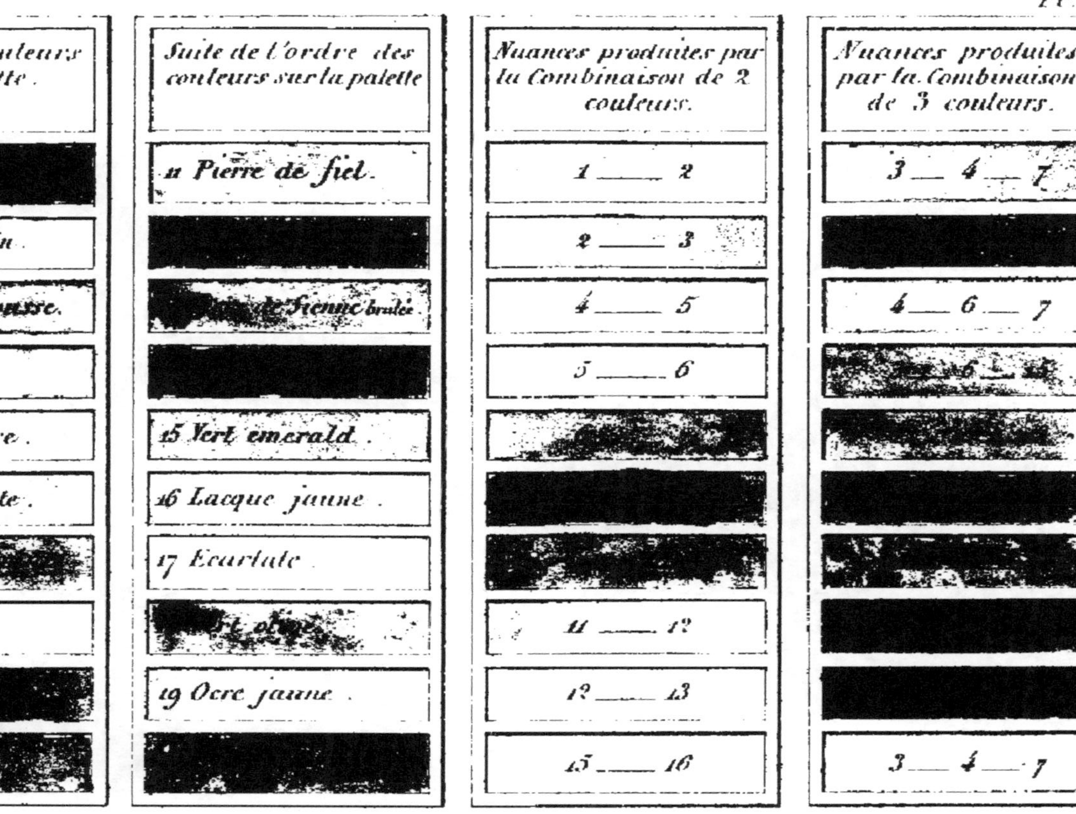
Ordre des Couleurs sur la palette.
Jaune indien.
3. Bleu de prusse.
4 Cobalt.
5 Teinte neutre.
6 Gomme gutte.
8 Minium
Suite de l'ordre des couleurs sur la palette
11 Pierre de fiel.
Sienne brulée
15 Vert emerald.
16 Lacque jaune.
17 Ecarlate
19 Ocre jaune.
Nuances produites par la Combinaison de 2 couleurs.
1 — 2
2 — 3
4 — 5
5 — 6
11 — 12
12 — 13
15 — 16
Nuances produites par la Combinaison de 3 couleurs.
3 — 4 — 7
4 — 6 — 7
3 — 4 — 7

Pl. 3. Études de teintes unies et dégradées de ciels et de nuages.

1. Teinte de Sépia.
2. Teinte bleue.
3. Teinte passant du bleu au Minium.
4. Teinte passant du bleu au jaune.
5. Idem sans nuance verte.
6. Bleu, Neutre et jaune.
7. Nuages enlevés au pinceau.
8. Nuages réservés.
9. Nuages enlevés au mouchoir.

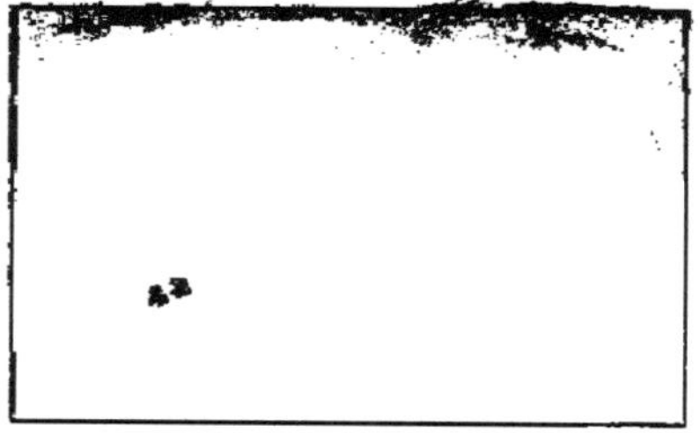

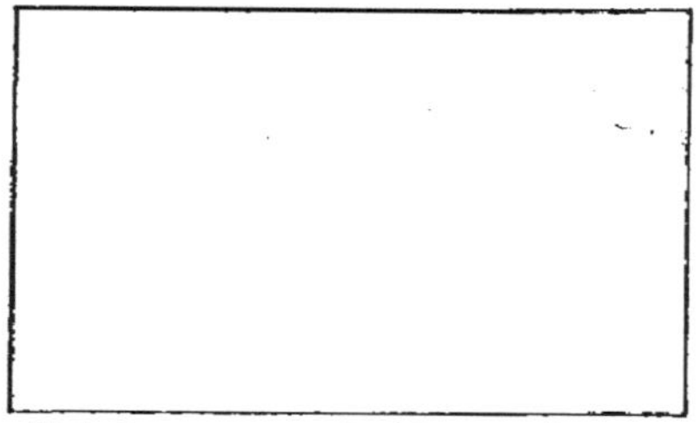

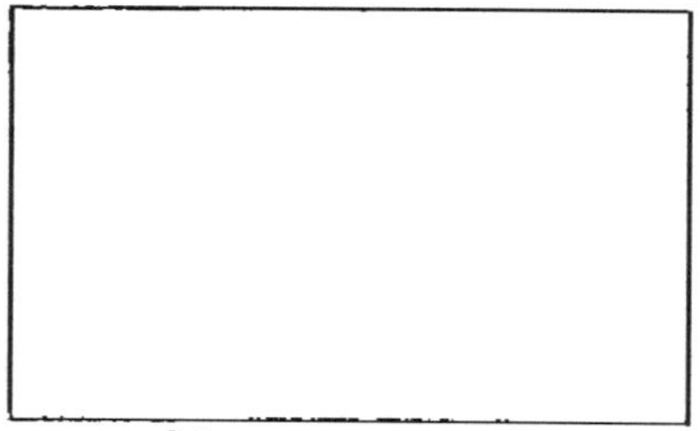

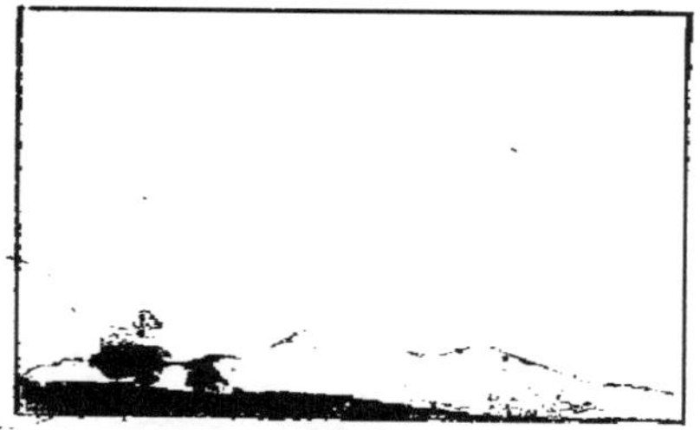

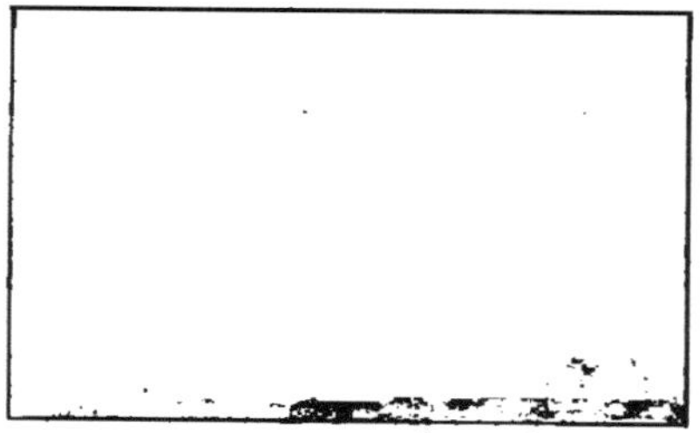

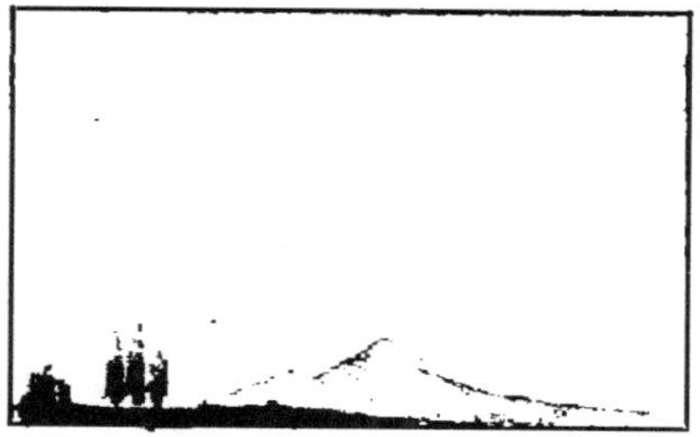

www.ingramcontent.com/pod-product-compliance
Lightning Source LLC
LaVergne TN
LVHW050845200726
843507LV00001B/442